应用语言学与高校英语教学融合探究

张　蕾　著

全国百佳图书出版单位  吉林出版集团股份有限公司

图书在版编目（CIP）数据

应用语言学与高校英语教学融合探究／张蕾著. --

长春：吉林出版集团股份有限公司, 2023. 6

ISBN 978-7-5731-3456-1

Ⅰ.①应… Ⅱ.①张… Ⅲ.①英语-教学研究-高等

学校 Ⅳ.①H319. 3

中国国家版本馆 CIP 数据核字（2023）第 100370 号

YINGYONG YUYANXUE YU GAOXIAO YINGYU JIAOXUE RONGHE TANJIU

应用语言学与高校英语教学融合探究

著：张　蕾

责任编辑：朱　玲

封面设计：冯冯翼

开　　本：720mm×1000mm　1/16

字　　数：200 千字

印　　张：11

版　　次：2023 年 6 月第 1 版

印　　次：2023 年 6 月第 1 次印刷

出　　版：吉林出版集团股份有限公司

发　　行：吉林出版集团外语教育有限公司

地　　址：长春市福祉大路 5788 号龙腾国际大厦 B 座 7 层

电　　话：总编办：0431-81629929

印　　刷：吉林省创美堂印刷有限公司

ISBN 978-7-5731-3456-1　　定　　价：66. 00 元

前　言

　　经济全球化和文化多元化的出现促进了世界各国的交流，英语作为公认的国际交流语言，在不同国家的交流中发挥出了重要的作用，英语也成了许多人学习外语的首选，并且越来越多的人开始重视英语的应用能力，显然，熟练掌握并运用英语进行交流已成为一项十分重要的技能，在大学教学中，英语的地位也愈发重要。

　　应用语言学是一门交叉学科，它将注意力放到语言教学的实际问题上，通过总结的语言教学规律，指导教师和学生的各项学习活动。它主要关注以下三个层面的研究：从学习者的层面来讲，主要研究学习者的学习特征、学习规律及个性差异；从实践的层面来讲，主要研究教学过程中所采用的方法；从方法论的层面来讲，主要研究教学方法。应用语言学实用性较强，它能够增加大学英语教学课堂中的趣味性，吸引学生的注意力，调动他们发现问题、解决问题的积极性，大大地提高英语教学的质量。除此之外，应用语言学能够分析出学生的学习需求和动机，方便教师在进行教学的时候能够准确地了解学生的状态，采取更加合理的教学方案。应用语言学研究将教学实践活动与其他学科有机结合在一起，显示出多元化、多层次研究的趋势，为英语学习的发展提供了新的研究方向。

　　本书是一本探讨应用语言学与高校英语教学融合的理论著作。分析了应用语言学的基础知识、高校英语教学的基础知识；论述了应用语言学与高校英语教学的关系、应用语言学与高校英语教学融合的意义、应用语言学与高校英语教学融合的具体措施；在此基础上深入探讨了应用语言学与高校英语基础知识教学的融合、应用语言学与高校英语听力教学的融合、应用语言学与高校英语口语教学的融合、应用语言学与高校英语阅读教学的融合、应用语言学与高校英语写作教学的融合、应用语言学与高校英语翻译教学的融合。

　　需要说明的是，应用语言学与高校英语教学并不止于本书的内容，尤其是其中的某些教学的技巧与方法，还需要教师们结合自身实际，灵活运用，唯有如此，才能百尺竿头更进一步！我相信，通过广大教育工作者的不懈努力，必将拓宽英语语言学的研究领域，进一步凸显英语语言学的作用，以唤起更多的人重视英语语言学的学习，分享英语语言学及应用语言学的研究成果，将应用语言学的作用更好地发挥出来，开创我国英语教学工作的新局面！

　　本书在写作过程中得到了相关领导的支持和鼓励，在此表示感谢！在写作过程中，作者广泛参考、吸收了国内外众多学者的研究成果和实际工作者的经验，在此，对本书所借鉴的参考文献的作者、对写作过程中提供帮助的单位和个人致以衷心的感谢！同时，有些参考的资料由于无法确定来源和作者，因此没有在参考文献中列出，为此表示深深的歉意。在写作本书时，得益于许多同人前辈的研究成果，既受益匪浅，也深感自身所存在的不足，对此希望广大读者与专家、学者予以谅解，并提出自己的宝贵意见，以便修改完善。

目　录

第一章　应用语言学概述

应用语言学分狭义、广义两种。狭义的应用语言学特指第二语言教学，广义的应用语言学是指应用于各实际领域的语言学，即指语言学知识和研究成果所应用的一切领域和方面。简单地说，应用语言学是研究语言本体和本体语言学同有关方面发生关系的学科。进一步说，应用语言学是研究语言本体和本体语言学同应用各部分结合部、接触面，包括结合、接触的动态变化的规律性的学科。

第一节　语言与语言学

一、语言

（一）语言的界定

从一定意义上来讲，语言是人类生活最重要的组成部分，是人类与外界进行交流的重要工具。但是，人们对它的本质并不十分了解，甚至将语言看作大自然的一种产物。为了帮助人们更加深入地了解语言的含义，必须要对语言有一个更加明确的定义。

（二）语言的本质特征

学者们在研究语言的过程中，已经给出了明确的定义，即语言在人类的生存发展中，不仅仅作为一种交流工具而存在，很大程度上更代表着一种文化的积淀，并且语言具有一定的创造性。

1. 语言是人类最重要的交际工具

语言是人类独有的最重要的交流工具之一，它代表着社会的发展和文化的积淀。语言因为交际的存在而被赋予生命，世界上任何一个人都不可能通过一种只有自己理解的语言与外界交流。从本质上讲，语言的交流功能，决定了它必须在社会群体中才能正常发展，所以随着人类社会的发展，语言也在不断进步。人们在日常生产和生活实践中不断地运用语言，使其更加流畅，同时语言由于人类的实践而得到更加全面的发展并产生丰富的变化。

2. 语言是一个音义结合的符号系统

音指的是语音，代表的是语言的物质外壳，而构成语音的最小单位是音素。义指的是语义，代表的是语言的基本含义和内容。从某种程度上讲，语音和语义是相辅相成、共同存在的，两者的组合体才能构成语言的基本单位。

3. 语言是一种思维活动

语言所承载的是一种独特的思维活动，在发展过程中两者是相互依存的。没有语言，我们的思维就无法很好的展现；倘若没有思维，语言也将无法更好地存在于社会上。至于语言和思维的相处模式，我们可以将语言看作思维的外在表现形式，而将思维看作语言的内在支撑。

4. 语言是文化的载体

从某种程度上讲，语言代表的不仅仅是一种客观存在的自然事物，更是一个区域最具代表性的文化。语言符号作为一种独特的描述手段，为人们之间的交流提供了便利。从本质上讲，语言是思维深度的体现，而思维的最终产物则是精神文化。美国一位著名学者曾经说过，语言体现了思维的基本结构，思维结构往往决定了一个区域的文化结构。因此，要想真正学习一门语言，最重要的是学习这门语言所蕴含的文化底蕴。

5. 语言具有特殊的生理基础

人类语言器官主要分布在大脑皮层，其所具有的语言习得功能是由对应的基因决定的。语言是人类才有的一种特殊能力。大脑的语言器官通过基因得以遗传。正是由于人类大脑中存在一些特殊的基因和语言器官，才使人类拥有了动物所没有的语言能力。

6. 语言具有创造性

语言最重要的一个特点是富有创造性。语言不仅作为一种产品而存在，在更大程度上代表的是一种具有创造性的活动。语言最重要的一种表现形式就是说话，如果将这些声音记录成文字，语言就变成了"作品"。要想使这些作品最大限度地发挥其文学价值，还需使用者进行二次创造，赋予其新的生命。基于这一点可以说语言最本质的特征是创造性。

语言的创造性还反映在人类的精神文化上。语言是一种创造性的精神活动。人类的思维随着外界因素的干扰而不断发生变化，人类要想将这些思维最完整地表达出来，只能依靠语言来进行渲染。一个国家或民族所讲的话在一定程度上代表了这个国家或民族的具体思维。语言真正传达思维的过程，便是语言进行交际的过程。由此不难看出，语言的创造性源自两大功能，即思维功能与交际功能。

（三）语言的物理载体

语言在发展过程中的两个最重要的载体是声音和文字。正是由于这两种载体的帮助，语言才更加易于理解。在日常生活中，仅仅依靠这两种载体远远不够，于是一些手语和盲文便逐渐发展起来。

1. 口语

通常情况下，口语是指面对面交流，这种交流体现在听和说两个方面。口语是日常生活中最为常用的一种交流方式。一次典型的口语交流通常由两个群体完成，也就是说话者和听话者。首先说话者发出声音，听话者倾听，然后二者互换角色继续交流，如此循环下去，就构成了一次最基本的口语交流活动。从表面上看，这是一个普通的、自然的、简单的过程，但是如果对说话者的"说"和听话者的"听"进行细节分析，不难发现其中的奥秘。

（1）说话者先在大脑中形成即将表达的想法，然后通过语言将该想法表达出来。在说话之前，说话者需要通过大脑对语言进行解码。这也是交流过程中一个最重要的步骤——语言筹划。

（2）当说话者通过语言将自己的想法表达出来时，需要借助肺部排放的气体发出声音。这是交流的第二步——声音发出的阶段。

（3）在上一个阶段，肺部所排出的空气通过气管时，气流的流动使空气发生震荡，由此引发的声音传达了说话者即将表达的思想。由于在交流时，双方并不会相隔太远，所以很多时候可以忽略不计声音传播到听话者耳朵的时间。这是交流的第三步——声音的传播。

（4）听话者收到说话者的声音时，会在大脑里解析这些声音。这是交流的第四步——语言的接收和解读阶段。

从上述四个步骤可以得出，只有听话者在交流过程中对说话者所要传达的信息进行较为准确的解析，双方的交流才可以正常进行下去。一旦听话者无法正确理解说话者的信息，那么该交流就会被迫中断。

2. 书面语

书面语是一种利用文字传达信息的方式，它可以被复制到任何地方。从出现的时间上看，书面语的出现要晚于口语。

信息接收后需进一步分解。在分解信息的过程中，信息接收人往往需要花费一定时间解读信息，这一阶段主要依靠的是人类的心理功能。信息接收人在分解信息时，主要发挥其本体的两个功能：一是对输入的信息进行理解和记忆，利用的是人类的视觉功能；二是对说话者的声音进行记忆和理解。信息接收人在阅读信息时，必须进一步对所看到的文字做出相应的处理，即对这些文字进行深入理解。只有这样，才能真正了解信息发送人的意思。

3. 盲文

除了口语和书面语，语言的载体还有盲文。盲文是专门为盲人设计的，使他们可以依靠触觉识别语言。

4. 手语

聋哑人在交流时主要通过手语来表达。手语主要运用手的肢体语言和动作，达到表现想法、传达信息的目的。因此，可以说手语主要依靠手这一物质载体来传达信息。①

二、语言学

(一) 语言学的定义

语言学是对语言的科学研究，它研究在各自社会中作为交流系统的各种人类语言的基本原理。这个定义之所以得到广泛的接受是因为它简明而准确地描述了语言学作为一门学科所研究的对象和方法。②

(二) 语言学的分类

根据不同的划分标准，语言学可以分为不同的类别。

1. 根据研究方法划分

根据研究方法划分，语言学可以划分为历时语言学（diachronic linguistics）和共时语言学（synchronic linguistics）两种类型。

共时语言学又称静态语言学（static linguistics），主要研究一种语言或多种语言在其发展历史中的某一阶段的情况，即语言状态（language state）。历时语言学又称演化语言学（evolutionary linguistics），主要关注语言在很长一段时间内发生的变化。历时语言学与共时语言学是相互联系、相互制约的关系，如果把历时语言学与共时语言学完全分开研究，就很难发现语言发展的规律。

2. 根据研究范畴划分

语言学根据研究范畴的不同还可以分为宏观语言学（macrolinguistics）和

---

① 杨静. 现代语言学流派与英语教学探究 [M]. 北京：中国商业出版社，2019：4.
② 罗红梅. 江西赣方言对英语语言习得的影响研究 [M]. 长春：吉林人民出版社，2020：20.

微观语言学（microlinguistics）两类。

宏观语言学研究怎样构建人类语言的系统模型，从而更好地解释语言的运行机制。宏观语言学的研究范围包括计算机语言学、人类语言学、心理语言学和社会语言学等。微观语言学研究语言的内部结构，包括语音系统、语法范畴、语义系统等。

3. 根据研究范围划分

根据研究范围划分，语言学可以分为普通语言学（general linguistics）和个别语言学（particular linguistics）两种类型。

普通语言学研究语言所具有的共性。个别语言学研究某一特定的项目，比如，汉语语言学主要研究的是汉语语言。二者之间既有区别又有联系。普通语言学对个别语言学具有指导作用，个别语言学为普通语言学提供理论支持。

4. 根据研究层面划分

根据研究层面划分，语言学可以分为应用语言学（applied linguistics）和理论语言学（theoretical linguistics）两种类型。

应用语言学是语言学的一个重要方面。它着重运用语言学的知识解决现实中的问题，一般不涉及语言的历史状态。应用语言学主要研究语言政策、语言教学法、语言与社会的关系等应用问题。应用语言学包括三个组成部分，分别是教育语言学、计算机语言学和神经语言学。

理论语言学主要侧重于研究语言的内部结构和演变规律。它着重探索理论问题，在总结规律时常涉及语言的历史状态。理论语言学包括两个方面，分别是语言哲学和普通语言学。

应用语言学和理论语言学之间密不可分，理论以应用（实践）为基础，应用又以理论为指导。①

第二节 应用语言学的基本理论

一、交际理论

（一）交际理论的基本思想

语言一方面是文化的载体，在运送—传播方面也具有一定的人文性，并且

---

① 纪旻琦，赵培允，马媛. 英语语言学理论与发展探究 ［M］. 长春：吉林大学出版社，2020：26.

这种人文性不包括属于上层建筑的有阶级性的部分。

语言的这两种特性不是二元论，交际离不开人类的文化，而语言是人类进行交际、思维和认知的一种工具，并且是最重要的交际工具。交际理论指出，世界万物的发展变化都离不开能量的交换，在彼此的相互吸引、排斥和中和中实现动态的平衡。而生存于社会中的人需要协调和交际，语言也在这一协调和交际的过程中得以产生和发展。从某种角度来讲，语言的变化发展以交际为目的和动力。

总之，交际是语言的本质，这是交际理论的基本思想，应该为语言交际而研究语言。在交际理论的基础上，中国应用语言学界还提出了层次理论、动态理论、中介理论、人文性理论及潜显理论等。

（二）交际理论的基本内容

1. 交际是最基本的语言能力

交际是人类语言能力中的基本能力。在语言的使用上，人们应知其然还要知其所以然。

也就是说，语文教师的"语感"和"论感"都要强。需要强调的是，一些语言学家可能跟以前主要受了语言知识能力的教育而没有受到应有的语言交际能力的教育有关，而以语言的深奥为能事，这种语言观是跟交际观格格不入的。

2. 在多样的语言交际中实践语言交际能力

有的用模拟的方法进行语言教学，但要注意让学生知道生活实际中的情况。比如，有些方言区的人学习说普通话还不错，但稍有变化或者不是很标准就听不懂，这恐怕也是一种欠缺。

3. 应该以交际值作为衡量语言规范的标准

交际也存在着一定的规范，交际到位的程度——交际度或交际值是对交际规范进行衡量的基本标准。规范不是单纯要求语言的纯，因而不应存在妨碍交际的规范。

4. 语言交际能力的实践不是一次性完成的

交际能力并非一次性完成，表现在语言的时代性上，应该让学生学习鲜活的语言。语言学习要有一定的量和质：一定的量可以内化，可以生巧；一定的质，可以提高层次。

5. 要重视创新

人们常说的语言灵气，主要在语言创新方面。创新部分是稳定部分的唯一来源，现有的稳定部分当初都是创新部分。因而特别要鼓励创新，教材要帮助学生创新。教师要在创新方面进行身教。一切语言示范者要在语言规范和语言创新两个方面起到表率作用。对学生语言学习的测试，要注重语言的创新方面，这里的创新不应降低层次和奇谈怪论，也不是一般形式的变化，教师要留心好的语言现象，提高创造语言的能力，及时调整语言观。①

二、层次理论

层次理论是应用语言学的一个重要理论。层次理论指的是语言是分层次的，其主张语言的运动有不同的时空，其在不同的时空表现为不同的方式。人按照层次进行划分，这决定了交际分层次，也决定了语言分层次。语言的层次同交际的层次、人的层次紧密相连。具体来讲，不同层次的语言对不同的人有不同的要求；不同层次的人使用语言的情况不同；不同层次人的主体语言在客体语言里处于不同的层次，所以一个人的语言是这个人的第二形象；语言比人的体魄及仪表更内在、更真实、更具有社会影响力，所以语言能力是一个人的"第一形象能力"；语言示范者的语言往往代表一个地区、一个民族、一个国家的第二形象；语言能够反映个体的独特的职业、修养、能力、性格等。

语言由比较稳定的内核和比较活跃的外层以及中介物构成，共同为交际服务，其中比较活跃的外层包括新词新语、广告语言等，比较稳定的内核包括语音系统、基本词汇、基本语法等。比较活跃的外层是比较稳定的内核的来源，现在比较稳定的部分当初都是活跃过的。语言的发展变化首先表现在比较活跃的外层，这些比较活跃的外层转化为比较稳定的内核，并不完全是优胜劣汰的过程。比较活跃的外层和比较稳定的内核，总的说来是互补的关系，而不是对立的关系。某些词语使用时间的长短，通常与其概念等存在时间长短存在较大关系。如果某些词语在一定时间被人们广泛使用，跟这些词语一个时期同影响比较大的群体共振有关系；这些词语占据一定位置之后，其他近义词或同义词便难以再占位。

语言的层次理论同时也是语言研究方法及方法论的层次认识的前提条件。语言研究方法具有层次性，语言研究的基本方法是比较方法，其他的方法都是由比较方法衍生出来的。除此之外，语言研究的方法还具有灵活性、多样性。语言研究应该考虑到纵横交错，打破时间及空间的限制。②

---

① 邓林，李娜，于艳英. 现代英语语言学的多维视角研究［M］. 北京：地质出版社，2017：179.
② 郭慧莹. 应用语言学理论视阈下高校英语教学实践研究［M］. 北京：冶金工业出版社，2019：7.

三、动态理论

(一) 动态理论的基本思想

哲学上讲运动是绝对的，静止是相对的。语言作为人的交际工具也处于运动变化之中，因为为了沟通的方便，人类的交际形式必然发生变化，这是语言发展变化的动力。另一方面，物体运动的速度是不同的。物体运动速度相对比较慢的叫稳态，运动速度相对比较快的叫动态。或者说稳态是动态里的一种状态。而语言从古代汉语到现代汉语，其发展也呈现一种新陈代谢的动态。

(二) 动态理论的基本内容

动态理论主张用动态的眼光看待语言、语言应用和语言研究。大体上可以包括三个方面。

1. 对语言动态性的认识

动态性的认识指在人们的交往中，语言是以动态的方式存在的。受结构主义语言学的影响，长期以来人们习惯将静态看作是语言的本质特征，认为动态只不过是对静态的使用。而语言的动态观认为，语言的动态是语言的主导方面，静态是运动速度相对平衡的一种存在形式，是一种为了研究、说明和解释而假想出来的状态。

语言是各个部分运动的速度并不同的系统。局部的发展变化会引起语言内部有关部分的发展变化，使得有关部分协调，这可以称为语言的自我调节。调节也是运动。语言的运动是有规律的，语言在其运动过程中，表现出三种不同的主要类型：①隐退或消亡；②中和；③吸收。

(1) 隐退或消亡。在隐退方面，语言运动也表现得非常充分。

(2) 中和。中和，指在吸收的过程中再加以改造，以及开始时人们不认可后来又认可的成分。

(3) 吸收。吸收主要是针对新词而言。对新词的吸收有许多方面，许多是新创词，旧词新义，也有的是从方言中吸收，从外语中吸收，方言词的吸收已经成了普通话新词构成的一个重要途径。

2. 对语言认识的动态性

应用语言学的研究，从实践到理论是动态，从理论到实践也是动态，实践和理论的互动更是动态。而对语言的认识，既是实践性活动，也是理论性活动。

语言是一种复杂和特殊的社会现象，在一代又一代人的努力下，人们对其认识得以不断加深，但这一认识不会结束。因为任何事物的变化、发展都不会是笔直的，而是曲折的、螺旋式的。语言工作的发展也是如此。认识这些规律，有助于能动地促进语文工作。

语言文字工作的规律提醒人们注意，语言是社会的，动态的；语言文字工作也是社会的，动态的。语言文字工作不能脱离社会时代背景进行，必须遵循语言文字的发展规律。

3. 语言研究要动稳结合

在语言学上，不存在纯粹的动态或稳态研究，二者是相互作用，共同存在的。为了适应人们交际、思维和认知等方面的发展，语言进行必要的自我调节，表现在两个方面：一是不断产生新的语言要素；一是保持相对的平衡状态，使得整个语言体系不被毁坏。因此，语言研究必须考虑到语言的这一事实。

此外还应注意到，动态的研究和稳态的研究，都要为动态的交际服务。从索绪尔以后，对语言的共时研究和历时研究进行了严格区分，但把二者割裂开来是不对的。历时研究可能局限于语言要素的研究，但不是必然导致不能进行语言系统的研究。

总之，以上三个方面是密切相关的。认识到语言的动态性，把动态看作语言的本质特征，自然会使自己对语言的认识随着语言的变化不断调整，而这也就形成了动稳的结合。

四、中介理论

中介理论也是应用语言学的一个基本理论。运动的连续性决定了所有事物均具有一部分与周边事物或者前后事物相同的属性。事物是矛盾的统一体，不都是"非此即彼"，往往是"亦此亦彼"。对立通过中介转化。语言跟其他现象一样，存在着中介状态。语言政策不能只是对语言现象做对与不对、是与不是的两端判断，有许多问题需要中介理论来做解释和分析，给予合情合理的回答。语言的中介状态，典型的就是地方普通话。对说地方普通话的人，不仅要鼓励，而且还应该对其中的一部分人提出比较高的要求。中介语常常是学习语言的正常现象，学习语言的过程必然是有许多不到位也就是不规范的语言现象的过程，人们在这个过程中就要交际，要把这种过渡状态跟语病区分开来。语言规范实际上不是规范语言本身，是规范人的语言使用。运动是没有开始也没有结束的，一切都处在中介状态，所以所有的语言都是"中介语"。语言研究的就是语言运动中的个性和共性。目前，我国一部分学者对语言现象的延伸及交叉进行了深入研究，此类研究具有一定的前瞻性。

五、人文性理论

语言的人文性具体指的是语言在发展、变化、应用的过程中所呈现出来的文化特质。不能忽略语言的人文性，不能把语言的人文性和语言的阶级性联系起来，也不能把语言的人文性理论凌驾于交际理论之上。语言人文性主要表现在以下三个方面。

（1）文化会对语言产生较大的影响。语言在文化中的反映，主要是指通过文化背景或文化现象表现出语言的一些特点和变化规律。语言可以是文化的直接产物，语言也可以作为文化内部的有机组成部分，与其他因素一起，共同促成历史上的文化分化、整合及变化。

（2）语言反映文化。语言是文化的载体，文化总是不断地给语言施加影响并不时地留下痕迹，因此我们通过语言的发展历程可以看到文化的变化轨迹。

（3）文化和语言之间存在互动关系。语言和文化对二者相互作用的反映，虽然在现象和表现形式上有差异，但也有相同或相近的本质或规律。从这个层面上看，语言的人文性大体有狭义及广义之分。其中，狭义的人文性是文化和语言两个因素共同作用的结果；广义的人文性则指语言、文化、社会、宗教、政治等多种因素共同的作用及其结果。

六、潜显理论

潜显理论也是应用语言学的一个重要理论。20 世纪 80 年代末至 90 年代初，我国语言学者就语言发展的基本形式进行研究，提出了潜显理论这个语言概念。潜显理论认为语言世界可以分为显性语言世界和潜性语言世界两大部分。显性语言是到目前为止人们在使用的部分；潜性语言指按照语言规则所形成的语言形式的总和，但是还没有被开发和利用。

潜显理论极为关注语言的动态本质。显性语言潜性化，潜性语言显性化，是语言发展的基本形式；潜性语言的大量存在，使语言具备自我调节能力。潜显理论对语言的动态与稳态的关系作了值得人们重视的揭示。潜显理论认为语言的运动和时空是连续的，事物不是同时空同样显现的，显与不显是相对的、有条件的。加上色彩的潜显，可以说语言始终处在潜和显的过程中，语言研究的就是语言的潜和显及其相关条件。语言的潜显理论是对待语言规范的"前瞻跟踪观"的基础。

第三节　应用语言学的内涵与性质

一、应用语言学的内涵

应用语言学是研究语言在各个领域中实际应用的语言学分支。语言研究的目的就是挖掘新的事实，揭示新的规律，有效地为应用服务。① 应用语言学着重解决现实中的实际问题，它是鉴定各种理论的实验场。

语言理论方面的研究和应用方面的研究在 19 世纪初开始分化。19 世纪末，波兰语言学家博杜恩·德·库尔德内（Baudouin de Courtenay）提出了应用语言学的概念。库尔德内认为，语言只存在于个人的头脑之中，或组成该语言社团的个人的心灵之中。他注重语言的物质方面，强调语音在人们交际中的作用，认为语言是集体的、社会的现象，并运用社会学的方法研究语言；另一方面又把语言视为心理现象，是个人的行为。② 20 世纪以后，语言科学得到了进一步的发展，语言应用方面的研究和理论方面的研究开始比较明确地区分开来，应用语言学这个名词开始广泛运用，促成了应用语言学和理论语言学的分化。应用语言学的研究方法是思辨（Speculation）与实证（Empiricism），两者互相依存，缺一不可。③

二、应用语言学的性质

（一）独立性

在传统意义上，人们认为语言学和应用语言学的界限很难区分，一般认为语言学针对理论研究，而应用语言学是对理论的应用研究，例如对语言的描写以及将语言学理论运用到语言教学中等。因而，应用语言学缺乏自己独立的理论系统。但是，应用语言学发展至今，已经形成自己的理论基础和研究方法，具有自己的学科专业和基地，国内外大学已经建立了大量的应用语言学专业，

---

① 云贵彬.语言学名家讲座［M］.北京：中国传媒大学出版社，2006：167.
② ［英］麦克唐纳.语言教育中的应用语言学［M］.杨连瑞，译.北京：世界图书出版公司，2009：14.
③ 童之侠.当代应用语言学［M］.北京：中国传媒大学出版社，2016：17.

许多国家出版了应用语言学的教材、期刊和专著，应用语言学已经成为一门独立于语言学之外的学科。从以下几个方面，我们可以看出应用语言学的学科独立性。

1. 应用语言学具有独立的理论

应用语言学并不是理论语言学的直接应用，它要在应用中不断总结和提炼自己的理论，以此来丰富理论语言学的知识宝库。本体语言学实际上没有为应用语言学准备好足够的可以应用的理论，有许多应用语言学的理论是应用语言学在解决问题的实践过程中创建或完善的，因此，经过长期的发展，应用语言学综合、提炼、利用其他相关学科，形成独立特有的理论体系来解释、探索、验证人们在不同的语言实践活动中的原则、依据、规律和假设。在这些理论中，居于应用语言学总纲地位的交际理论，语言是人类最重要的交际工具，包括思维、认知、文化交际，交际理论广泛运用于语言教学、社会语言学等中。

应用语言学中的认知语言学理论认为语言是内嵌于人类的全部认知能力之中的，因此，它关注的是语言描述、学习与教学中的认知领域研究，例如，根据图示理论、原型、语法基本范畴对语法的描述及教学研究，这些研究从认知语言学的概念出发，将传统的句法、词法与语法的语义表现相结合，打破以往语言形式与内容分离的现象，为语法及语言教学提供了一个新的视角。基于认知语言学理论的中介语理论也是第二语言习得中的一个重要的部分。同时，认知语言学理论也广泛应用于语言输入、互动、语言反馈和学习策略等研究中。

应用语言学的另外一个研究视角就是社会文化视角，其中研究者也提出了许多相关理论，如：维果斯基的社会文化理论（social cultural theory）、语言社会化学说（language socialization）、对话理论（dialogic theory）、批评理论（critical theory）等。这些理论强调语言的意义是交际的产物，具有社会性和交互性，因此语言学习与教学不能脱离社会语境和语言使用状态而孤立地进行。

2. 应用语言学具有完善、系统的研究方法

应用语言学除了其特有的理论基础，还具有完善、系统的研究方法。虽然应用语言学研究方法分类有所不同，从最早期的定性研究与定量研究，到试验法（experimental method）、互动分析（interaction analysis）、语篇分析（discourse analysis）、人种志学（ethnography），以及现在普遍使用的观察法、日记法定量分析法、实验法、访谈与问卷、内省法和个案研究等，这些都为应用语言学研究的顺利开展提供了必要条件。

（二）系统性

应用语言学是一个系统工程，系统工程所必备的四个主要条件：①系统必须有两个以上的要素构成；②系统的各要素要完成各自所规定的任务；③作为系统的整体，必须具有目的性；④系统不仅是只作为状态而存在，而且具有时间性程序。应用语言学涉及许多要素，狭义的应用语言学涉及语言理论与描述、语言学的相关学科以及教育学的相关学科。这些要素都有各自的研究任务，例如，第二语言习得研究语言习得或学习的内外部因素和习得过程等；教学法提供语言教学的具体步骤和实施过程；语言测试检测语言习得或教学的效果和程度，各要素都有自己的研究目的，但又相辅相成。应用语言学作为一个系统，有其明确的研究目的。应用语言学的时间性程序表现在其动态性上，应用语言学理论和对语言的描述的状态是相对的，其理论和研究是不断发展的，从应用语言学的发展历史，我们可以看出其动态性。同时，应用语言学中对某些对象的研究也需要时间性程序，例如，对某一教学法效果的验证需要较长时间的观察，收集数据以及对数据的验证。

（三）跨学科性

早期的应用语言学以语言学理论为基础，逐渐发展到一个综合多元学科具有交叉学科性质的应用型研究，语言学是应用语言学的基本，但并不是唯一对其起到重大作用的学科；至于如何选择其他学科，选择其他学科的哪一方面，应根据应用语言学的具体研究内容和不同情况而定。语言学不再成为应用语言学唯一的支撑学科，应用语言学的最大变化就是它已经发，展成了一个跨学科的研究领域。应用语言学的跨学科性主要表现在以下三个方面。

1. 应用语言学理论的跨学科性

应用语言学虽有其独立的理论基础，但由于其研究范围广泛，涉及社会语言学、认知语言学、心理语言学、教育学等领域的理论，它并不是全部照搬这些领域的理论，而是通过研究、实践，对其他学科理论进行综合、提取、吸收。

2. 应用语言学学科框架的跨学科性

狭义的应用语言学研究涉及语言学科（语言理论与语言描述）、语言学的相关学科（社会语言学、心理语言学、神经语言学等）、教育相关学科（教育理论、教育统计学与测量学、电化教学等）三个方面的知识框架。研究语言教学的基本原则时，需要用到语言学科、与语言学相关的学科以及某些教育学的分支学科；语言评估和测试涉及计算机科学和教育统计学与测量学。而广义的应用语言学研究框架为语言规划、语言教学和语言信息处理。无论是狭义的还是广义的应用语言学研究框架都体现出其跨学科性，各学科都具有不同的结合点，之间又相互作用和渗透。

3. 应用语言学研究范围的跨学科性

应用语言学研究范围这一问题在中国可以分为三类：第一，汉语学界的专家一般倾向于广义的应用语言学研究范围，主要包括国家的语言规划和语言计划、语言学与计算机的结合、语言学习与语言教学、语言学与社会学相结合、语言学与心理学相结合。第二，外语学界的专家一般从狭义的角度研究应用语言学，即语言教学尤其是外语教学。第三，计算机界的学者一般侧重于计算机应用语言学。

（四）应用性

随着其跨学科性质的不断发展，应用语言学更加着眼于解决现实世界中与语言有关的各种问题，也更加关注其研究方法。解决现实世界中的问题是应用学科的主要任务之一，应用语言学也不例外，它注重实际应用直接满足于社会需求。应用语言学研究应服务于人类不同领域的社会活动，因此，语言学家应该具有社会责任和道德，运用他们所学的知识和理解力服务于人类。例如，社会语言学、语言教学、语料库语言学、词典编撰、翻译和口译以及不同职业中的语言运用等都具有强烈的实践和应用特点。但是，应用语言学的实用性、实践性并不意味着对理论及其研究的排斥。例如，在某种程度上，虽然有的语言理论和描述不能直接运用于语言教学中，但能够为语言教学方法提供指导，同时，在实际的教学过程和实验中，教师或研究者还可以不断完善相关理论。因此，应用语言学所关心的不仅是实际的应用，而且更重要的，是它对语言教学的启发意义。

（五）实验性

应用语言学注重解决实际的语言问题，这一过程是必须依赖于调查和实验的，应用语言学家的研究重点应是分析、解释新的数据，而不是继续创建新的理论，因此，应用语言学的诸多分支学科都利用社会科学调查统计方法和自然科学中的科学实验方法，以计算机为辅助工具，对研究结果进行量化分析。例如，检验一个新的教学方法是否可行，就必须进行将长时间的实验和自然观察相结合，最后，经过定量和定性分析，验证这一教学方法的实际效果。但是，应用语言学的实验性质并不是其研究方法的唯一性。纯粹量化的数据结果并不能完全解释社会科学中的主观性的行为，尤其是在变量较多的情况下。因此，实验和数据是应用语言学研究中的一个必要手段，研究者应结合其他方法，例如质化方法（语篇分析、人种志、个人叙述、专题陈述、互动分析等）和非材料性研究（理论及应用、操作描述、个人经验及观点等），做到研究范式的多元化。①

第四节　应用语言学的相关领域

一、语言教学

（一）语言教学的性质

语言教学历史悠久，长期以来一直受到语言学家和教育学家的关注。语言教学是应用语言学的重要内容，在应用语言学领域占有相当重要的地位。

语言教学是指教育者运用特定的方法，将语言知识和相关的理论有目的、有计划地传授给学习者，以使学习者掌握一门具体语言并用于交际目的，它是教育工作的重要组成部分。

语言教学作为一种以语言为内容的教学活动，包括本族语教学和外族语教学，即第一语言教学和第二语言教学。

语言教学中的外族语教学就是第二语言教学，它是在第一语言学习基础之上进行的，是对第一语言能力的扩大。此外，多语教学和双语教学也是语言教学的重要内容，在我国，这种情况常见于少数民族语言教学上。

（二）语言教学的目标

语言教学目标是为了让一个人掌握一门语言，是为了让学习者能够从听、说、读、写诸方面掌握一种语言的知识内容，并且具备得体而有效地使用该语言的能力，就是在语言教学中常常强调的语言能力和交际能力，它反映了人们对语言教学本质特性的认识，与人们当时的认识水平密切相关。

语言学习的具体目的可以不相同，比如第二语言学习可以有受教育目的、学术目的、职业目的、职业工具目的和其他目的等。学生的学习目的也就是教学目的。但是语言教学从根本上说都是为了使学生学会听、说、读、写并能够

---

① 王伟，左年念，王国念. 应用语言学导论 [M]. 北京：中国地质大学出版社有限责任公司，2012：9.

运用语言进行交际。无论是第一语言教学还是第二语言教学，都不能背离这样的目的。

所以，我们应当把语言教学的目标确定为培养和提高学习者的语言能力和交际能力。

二、机器应用语言学

机器应用语言学主要致力于探究通过何种方式利用计算机等先进的工具来处理自然语言。这方面的研究主要包含以下几个课题。

（1）实验语音学。运用电子计算机以后，语音实验从音素音节分析扩展到成句成章分析，同时超音段特征成了重要研究对象。除了语音分析，人们还有语音合成的工作要做。

（2）机器翻译。机器翻译是计算机与语言之间的早期结合形式。其开辟了计算机非数值应用的领域，同时又为许多语言学理论和方法及许多技术成果提供了一个广阔的试验场。不过就已有的成就来看，机译系统的译文质量与终极目标仍相差甚远；而机译质量是机译系统成败的关键。要提高机译的质量，首先要解决的是语言本身问题而不是程序设计问题；单靠若干程序来做机译系统，肯定是无法提高机译质量的。另外，在人类尚未明了人脑是如何进行语言的模糊识别和逻辑判断的情况下，机译要想达到"信、达、雅"的程度是不可能的。这些因素均会对机器翻译的质量造成深刻的影响，也是机器翻译的质量提升所面临的重要问题。

（3）信息检索。信息检索中最主要的一个环节便是建立信息检索语言。这种语言应能准确表达文献主题和提问主题所需的词汇语法，不应产生歧义，并且便于用程序运算方式进行检索。

（4）汉字信息处理。汉字的字形繁复，字数庞杂，同时普遍存在一字多音、一音多字的现象，这为编码输入带来了较大的阻碍。为了使编码简单易学、操作方便、输入迅速，我们需要对汉字进行多方面的研究。机器应用语言学除了以上这些课题外，还有自然语言理解、言语统计和少数民族语文的信息处理等。

三、社会语言学

社会语言学作为一门年轻的应用语言学分支学科，产生的时间并不长，关于其研究对象、研究内容、学科性质、特点等的理解，语言学家和社会学家有不同的认识角度，国外学者和国内学者也有不同的侧重点，学术界有过不少争议。目前，随着研究的深入，人们对社会语言学的认识也渐趋一致。

（一）社会语言学的研究对象

社会语言学（sociolinguistics）和语言社会学（sociology of language）是国外的社会语言学文献中常常出现的两个词。语言社会学通过对语言的研究更好地了解社会结构；社会语言学着重语言结构，探讨语言怎样在交际中发挥作用。实际上，通过社会研究语言，如社会生活的变化将引起语言（诸因素）的变化，其中包括社会语境的变化对语言要素的影响；通过语言研究社会，如从语言（诸因素）的变化探究社会（诸因素）的变化。

（二）社会语言学的研究范围

社会语言学一般可分为微观社会语言学和宏观社会语言学。

1. 小社会语言学

小社会语言学也称微观社会语言学，主要以语言的各种变异为研究对象，其在对语言变异发生的规律和原因进行研究的过程中常常联系社会因素，在对变异现象进行描写上常常使用统计的方法和概率的模式，其经常性的课题主要包括语言与性别、语言与阶级、语言与社会、语言与环境、语言与种族集团等。

2. 大社会语言学

大社会语言学也称宏观社会语言学，以研究社会中的语言问题为重点，主要指语言接触和语言规划，包括双语、双方言或多语的交际与教育，语言政策与语言规划，标准语选择，语言的相互接触与影响，语言冲突等往往因社会因素而产生的问题。

除了宏观社会语言学和微观社会语言学外，广义的社会语言学还研究语言文明、语言修养、语言风格、作家作品语言、新闻语言、播音主持语言、广告语言、法律语言、新词新语、网络语言等。

第二章　高校英语教学概述

现代英语课程作为一门基础课程是学生要修学的，这表明，在高等教育中英语已经占据了重要地位。现代英语的主要教学内容是跨文化交际、英语语言知识学习、学习策略以及应用技能的掌握，随着全球化进程的进一步加速，作为国际通用语言的英语愈发彰显出重要性。本章主要对现代高校英语教学的基础知识进行了简要论述。

第一节　高校英语教学的理论基础

不同的英语教学方法源于对语言教学的不同看法，以及对语言学习的不同理解。因此，为了更好地认识和理解英语教学，我们还要了解和学习一些影响英语教学的基础理论。

一、比较语言学

比较语言学，又称历史比较语言学，起源于 18 和 19 世纪的欧洲，研究重点是印欧语系诸语言的语音系统。它是把有关的各种语言放在一起加以共时比较或把同一种语言的历史发展的各个不同阶段进行历时比较，以找出它们之间在语音、词汇、语法上的对应关系和异同的一门学科。利用这门学科一方面可以研究相关语言之间结构上的亲缘关系，找出它们的共同起源点，或者明晰各种语言自身的特点，以对语言教学起到促进作用；另一方面，可以找出语言发展、变化的轨迹和导致语言发展、变化的原因。19 世纪它就广泛地应用于印欧语的语言研究，取得了很大成就。

二、结构主义语言学

从 19 世纪末到 20 世纪中期，不少学者如帕西（Passy）、布龙菲尔德（Bloomnfield）、斯威特（Sweet）、韩礼德（Halliday）等都对语言的结构进行了分析和研究，并提出了很多重要的观点。在众多研究中，美国和英国的语言学家对结构主义语言学的研究做出了重要的贡献。

（一）美国的结构主义语言学

美国结构主义语言学是从研究美洲印第安人口语语言开始的。由于印第安人的语言没有文字的形式，所以他们就想办法用语言符号（如国际音标）把自己口述的话如实地记录下来，然后对收集到的口语样本进行各种分析，研究它们的结构和特征。之后，美国结构主义语言学家用"描写"方法研究了英语及其他印欧系的语言。语言学家们认为语言可看作一个把意义编成语码的系统。这个系统主要由结构相关的成分构成，包括音位、词素、单词、结构和句型。一个语言系统主要包括音位系统、词素系统和句法系统三个方面。

（1）音位系统。在音位系统中，应该对音位、音位变体、音位组合的规则进行描述，还应该对连贯话语中的语音现象进行描述。

（2）词素系统。在词素系统中，应该对词素、词素变体、自由词素和黏着词素等成分和结构加以描述。

（3）句法系统。在句法系统中，应该对词的分类、短语分析、直接成分分析和句型的类型进行描述。

口语是活的语言，所以语言是口语，不是书面语。学习语言首先应该学习口语，而学习口语就应该从学习某种语言的"当地人"所说的话开始。语言有自己的独特结构，不同的语言有不同的音位系统、词素系统和句法系统。同样，不同的语言在音位系统、词素系统和句法系统中的成分、结构也有所不同。因此，学习语言要注重其差异性。

鉴于语言的这种差异性特征，学习外语语言还受母语的干扰和影响。学习外语需要克服因外语语言结构和母语结构上的差异而产生的困难和错误，如果母语结构和外语的结构是相同的，那么学习也不会产生困难和错误，也就不需要教师的教授，只要学生接触语言就可以了，因此，在外语教学中，教师应努力解决这两种问题。

（二）英国的结构主义语言学

相对于美国对结构主义理论研究做出的贡献，英国也不甘落后，并且成果显著。[①] 与美国结构主义语言学研究不同，英国结构主义语言学家的研究更加强调语言结构和结构使用情景之间的关系。20 世纪 40 年代英国形成了结构主义伦敦学派，其代表人物有马林诺夫斯基（B. Malinowski）和弗斯（J. R. Firth）。语言的描述应该包括三个层面，包括实体、结构和语境。语言学研究对应以上三个层面的是语音和音系学的研究、语法和词汇的研究以及语义的研究。

三、社会语言学

社会语言学是研究语言的社会本质和差别，以及它们的社会因素的一门学科。语言的最本质功能就是语言的社会交际功能，社会化的过程是习得母语的最好环境，这不仅能使人们理解本族语的习惯并说出符合语法的句子，而且还能在一定的场合和情境中恰当地使用语言。

四、行为主义心理学

行为主义心理学是 20 世纪 50 年代在美国兴起的一种心理学思潮，其主要代表人物是华生（J. B. Watson）和斯金纳（B. F. Skinner）。学习是刺激与反应之间的联结，行为是学习者对环境刺激所做出的反应。他们把环境看成刺激，把伴随而来的有机体行为看作是反应，认为所有行为都是习得的。

在学习过程中，当给予学习者一定的教学信息——"刺激"后，学习者可能会产生许多种反应，在这些反应中，只有与教学信息相关的反应才是操作性反应。在学习者做出了操作性反应后，要及时给予强化，如学生答对时告诉他"好"或"正确"，答错时告诉他"不对"或"错了"，这样在下次出现同样刺激时做出错误反应的可能性就会减小，从而促进学习者在教学信息与自身反应之间形成联结。

五、人本主义心理学

人本主义心理学在 20 世纪 60 年代兴起于美国，之后得到了长远的发展，是心理学发展史上的重要内容。马斯洛创立、以罗杰斯为代表，被称为除精神

---

① 李晓玲. 大学英语教学方法研究 [M]. 西安：陕西科学技术出版社，2020：6.

分析和行为主义学派以外的第三势力。它和其他学派最大的不同是特别强调人的正面本质和价值，而并非集中研究人的问题行为，并强调人的成长和发展。人本主义心理学研究的主题是人的本性及其与社会生活的关系，强调人的尊严和价值，反对部分心理学理论中出现的人性机械化观点，主张心理学要研究对个人和社会进步富有进步意义的问题。

其中，代表理论为马斯洛的需要层次和自我实现理论以及罗杰斯的求助者中心理论。人的需要和动机是一种由低到高的层级结构，高级动机的出现是以低级需要的满足为前提的，这是马斯洛的主要观点。罗杰斯则从心理咨询和心理治疗等方面加以研究，认为每个人都有内在的建设性倾向，而且这种内在倾向虽然会受到外在力量的影响，但咨询师完全可以通过对求助者的真诚、理解与尊重使障碍消除而恢复心理健康。

人本主义心理学教育观主要包括以下三个方面的内容。第一，"以学生为中心"的教学模式，主张在教学的过程中以学生为中心，将学生视为学习的主体，尊重学生，重视发挥学生的主观能动性，并发扬学习自由与主动创造精神。第二，自我实现论，主张超越现在的情况，充分地、最大限度地发挥自己的潜能。第三，自我指导论，即非指导性教学，罗杰斯主张建立良好的师生关系和课堂氛围，启发学生主动地、自主地、创造地学习，而不是传统意义上的指导学习。第四，自我评价论，主张学生自我评价，在学习过程中自我检查，充分认识自己学习上的优缺点并进行自我评价。[①]

六、错误分析理论

错误分析理论是 20 世纪中后期盛行的一种对外语学习者在学习目的语时所出现的错误进行分析的理论，通过比较学习者的母语和目标语这两种语言来探求他们之间的异同。

外语学习者在学习一种新语言时，也像儿童学习母语一样，对目标语做出各种假设，并不断在语言接触和交际使用的过程中检验假设。在这个学习过程中，错误不仅是不可避免的而且还是必要的，因为它反映了学习者对目标语所作的假设与目标语体系不符时所出现的偏差。通过观察分析这些错误，教师可以了解学习者如何建立假设并检验它，了解外语学习者学习的方法和对目的语的熟悉程度。

错误分析理论使人们改变了对错误本质的认识，把错误从需要避免、需要

---

① 于满，孙硕. 新时代高校辅导员学术科研之路 [M]. 北京：北京理工大学出版社有限责任公司，2021：23.

纠正的地位提高到了作为认识语言学习内部过程的向导地位，随着语言学的不断发展，错误分析理论也必将得到进一步充实和完善，它对外语教学的指导作用也必将日益重要。

七、皮亚杰的发生认识论

发生认识论是皮亚杰（J. Piaget）根据以他为代表的日内瓦学派对儿童心理发展的研究和其他学科有关认识论的研究而提出的一种关于认识论的理论。它试图以认识的历史、社会根源以及认识所依据的概念和"运算"的心理起源为根据来解释认识，特别是解释科学认识。皮亚杰心理学的理论核心是"发生认识论"，主要研究人类的认识（认知、智力、思维、心理的发生和结构）。

不管人的知识多么高深、复杂，都是从童年时期开始的，甚至可以追溯到胚胎时期。所以儿童从出生起，怎样形成认识，如何发展智力思维，它是受哪些因素所制约的，它的内在结构是怎样的，各种不同水平的智力、思维结构是按怎样的顺序出现的，这些都是值得探究和思考的问题。[①]

八、建构主义理论

建构主义理论是认知心理学派中的一个分支。建构主义理论的一个重要概念是图式。图式是指个体对世界的知觉理解和思考的方式。我们也可以把它看作心理活动的框架或组织结构。图式是认知结构的起点和核心，或者说是人类认识事物的基础。因此，图式的形成和变化是认知发展的实质。认知发展受三个过程的影响：同化、顺应和平衡。同化是指学习个体对刺激输入的过滤或改变过程。也就是说，个体在感受刺激时，把它们纳入头脑中原有的图式之内，使其成为自身的一部分。顺应是指外部环境发生变化，而原有认知结构无法同化新环境提供的信息时所引起的认知结构发生重组与改造的过程，即个体的认知结构因外部刺激的影响而发生改变的过程。平衡是指个体通过自我调节机制使认知发展从一个平衡状态向另一个平衡状态过渡的过程。

知识不是通过教师传授得到的，而是学习者在一定的情境即社会文化背景下，借助获取知识过程中的其他人（包括教师和学习伙伴）的帮助，利用必要的学习资料，通过意义建构的方式获得的。由于学习是在一定的情境即社会文化背景下，借助其他人的帮助即通过人际协作活动实现的意义建构过程，因

---

① 皮亚杰. 发生认识论原理 ［M］. 王宪钿，等译. 北京：商务印书馆，1997：4.

此建构主义学习理论认为情境、协作、会话和意义建构是学习环境中的四大要素或四大属性。

建构主义提倡在教师指导下的、以学习者为中心的学习，也就是说，既强调学习者的认知主体作用，又不忽视教师的指导作用。教师是意义建构的帮助者、促进者，而不是知识的传授者与灌输者；学生是信息加工的主体，是意义的主动建构者，而不是外部刺激的被动接受者和被灌输的对象。[①]

第二节　高校英语教学的原则

一、以学生为中心的原则

以学生为中心原则是英语教学的首要原则。以学生为中心的理论来源于美国教育学家杜威的儿童中心论。尊重人类自由的天性，遵循教育的自然规律对儿童的成长和发展具有重要的作用。将儿童中心论的观点引入英语教学，就是要求尊重学生的主体地位，遵循学生学习的自然规律。换句话说，教师要将自己的教建立在学生的学基础之上，心里时时刻刻装着学生，想着学生的需求，一切工作围绕学生的学习进行。教师必须在充分了解和分析学生心理与需求的基础上，安排和调整好自己的教学策略和步骤，以适应学生的需要。具体地说，要想做到以学生为中心，教师需要在以下几个方面做出努力。

（一）制定合理的教学方案

教学方案是教学活动顺利进行的基础，包括英语教学目标、教学任务、教学计划、评定方法等方案。教师必须根据学生的语言接受水平和语言运用能力来制定合理的教学方案。

（二）仔细分析教材

教师在对教材进行分析时，应对教学内容进行充分的理解和把握，根据学生所处的不同阶段的实际情况与学生的学习能力来调整教学目标和教学任务，根据学生的需求对教材内容和活动进行最优化处理，使得教材与学生的经验建

---

① 崔志钰. 追寻积极的教与学：积极课堂教学范式建构的实证研究［M］. 苏州：苏州大学出版社，2020：30.

立起联系，把教材内容变成问题的链接和师生对话的中介。

（三）认真备课

备课工作需要建立在对教材认真分析的基础上。教师在备课时要充分考虑学生的实际情况。具体来说，包括以下几点：

1. 在教学活动设计中，教师应通过座谈、课堂提问、作业、测试等多种方式了解学生目前的学习状况，并以此作为备课的根据。

2. 教师还应该根据学生的学习水平、学习方法、学习风格、学习态度、接受能力等来设计和调整教学活动。

3. 教师在备课中要发散思维，善于换位思考，并具有对教学活动的预测能力，这样才能有效地达到教学目标。

总之，教师的教学准备及教学活动设计都要从学生的角度出发，让绝大多数学生参与进来，努力让学生成为课堂教学活动的主体。

（四）选择适合的教学方法和手段

以学生为中心的原则要求根据学生的特点，灵活运用各种教学方法和手段。形象化教学手段可以适用于学生的直觉思维特征。选择能激发学生学习兴趣和好奇心的媒体，如幻灯、投影、模型、录音等，使他们能出于个人需求积极主动地参与课堂学习，比较自然地感知语言。直观的教学方法有助于学生直接感受和理解语言，通过视听说加深印象，强化记忆，激发学生参与的兴趣。此外，教师还应善于利用课堂空间设置场景，调动学生参与课堂活动的主观能动性。

5. 充分重视教师自身的引导地位

强调以学生为中心原则绝对不是否定和排斥教师在教学过程中的重要作用。在以学生为中心的教学模式中，教师甚至发挥着比在传统教学中更为重要的作用，也需要付出更为艰辛的劳动。这是因为，在以学生为中心的教学过程中，教师是教学的主导，其主要作用在于帮助学生加速学习进程。在学生遇到困难的时候，教师必须及时、负责地给予帮助，使得学生的困难得到及时解决；当学生面对困难不知所措时，教师要及时引导，使学生找到解决的办法；看到学生愿意接受学习任务且跃跃欲试时，教师应该给予学生锻炼的机会；看到学生的学习情绪不高时，教师要及时给予鼓励，提高学生的学习热情；学生在学习上取得成绩时，教师要及时提出更高的要求，使学生始终保持学习的动力，不断努力。

二、兴趣性原则

兴趣是最好的老师，是推动学生学习的最强有力的动力。如果学生从自身对学习产生了兴趣，那么他就会想方设法钻研，不用别人来施加压力，这样在学习过程中就会更轻松，而获得更好的学习成果。兴趣是推动学生认识事物，探索知识，探求真理，从中体验学习情趣的推动力，学习兴趣是在学习活动中产生的，更成为学习动机中最现实、最活跃的因素。

很多人对学习英语并不感兴趣，因此在学习过程中缺乏动力，不断拖延该完成的学习任务，形成恶性循环，学习效果越来越差。形成这种恶劣结果的首要因素就是他们的"不感兴趣"。由此可见，学生的英语学习成功与否，在很大程度上取决于他们对英语学习的兴趣。因此，教师在英语教学中，应该重视兴趣的巨大作用，在英语教学中采取一切可用的方法，激发学生对英语学习的强烈愿望，使他们喜欢学、乐于学，以获得更好的教学效果和学习效果。

为了激发和培养学生学习英语的兴趣，应该把握教师和学生这两条主线，因此可以总结出以下几点：

（一）尊重学生的主体性

学生是学习的主体，在教学过程中，教师应该认识到这一点，充分调动起学生们的主观能动性，同时要进行适当的引导，这样师生共同努力，才能使得学生获得认知和语言能力的发展。遵循这个规律，教师在教学过程中要从学生的心理、生理特点出发，重视学生学习语言的优势，遵循语言学习规律，采用多种教学方式，培养学生对英语学习的兴趣，让学生通过体验、实践进行学习，形成语感，提高交流能力。

（二）增强师生交流

一个学生对某一门课程的喜欢与否，往往取决于他对该授课教师的态度。学生来自不同的家庭与环境、不同的背景，有不同的性格特征，教师可以通过各种形式与学生进行交流，与学生交朋友，赢得学生的尊重与喜欢，从而使学生愿意向教师倾诉，与教师交流。教学是师生互动的过程，课堂上的知识传授和技能培养总是伴随着学生的情绪进行。好的情绪转到学习中就会变为一种兴趣和动力。教师在严格要求学生的同时，还要给学生创造一种和谐的学习氛围，通过一个眼神、一个手势、一个微笑、一句赞许的话去影响学生。教师要善于发现学生的进步，并给予鼓励表扬，不但可以培养学生的自信心和成就感，也是师生交流的一种方式。

（三）改变传统的教学方式以及测试方式

英语学习是需要一定的死记硬背和机械操练的活动，但是如果机械性操练太多、太滥，则很容易导致课堂教学的死板与乏味，容易使学生失去或者降低学习英语的兴趣。为此，教师应该科学地设计教学过程，以学生感兴趣的方式帮助学生获取知识，加速知识的内化过程，使他们能够在听、说、读、写等语言交际实践中灵活运用语言知识，变语言知识为英语交际的工具。这样，学生在获得交际能力的同时，综合素质也会得到相应的提高，学生的学习兴趣才会得到巩固与加强。另外，教师应该改变传统的英语测试方式，采用学生平时教学活动中常见的方式进行评价，重视学生的态度、参与的积极性、努力的程度、交流的能力以及合作的精神等。

（四）注意挖掘教材中学生感兴趣的内容

教材是英语教学的核心，教师在备课中要认真地研究教材，挖掘教材中学生感兴趣的内容与话题，使每节课都有让学生感兴趣的内容和活动，以最大限度地调动学生的积极性。在英语课堂教学中模拟日常生活中的交际形式，也是提高学生兴趣的一种重要方式。教师可以尽量把日常生活中的交际形式，如日常生活里常见的打招呼，对人、物、画面的介绍等搬到课堂上，为学生在日常生活中使用课堂上所学的英语创造条件。生活里常见的交际形式在课堂教学中熟悉了，学生用英语进行交际的能力就会逐渐提高。①

三、真实性原则

学生学习的最终目的是交际，那么所学的教材内容自然要尽量遵循真实性原则。在遵循真实性原则时应注意以下几个问题：

（一）采用语用真实的教学内容

教学内容不仅仅包括课文内容，还包括例句，课内外训练材料和练习等所有提供给学生学习的材料。真实的材料可以让学生接触到真实、自然、地道的语言，了解交际话语和相关背景文化，并能在课堂活动和社会交际之间建立起联系，从而领会到所学内容的语言材料就是现实生活中可能发生的语言交际。因此，英语教师在开始教学前应从语用的角度认真分析课文，不仅要分析课文语句的结构意义，更要着重把握语句的语用意义。

---

① 冯华，李翠，罗果 . 英语语言学与教学方法研究 ［M］. 长春：吉林人民出版社，2019：128.

（二）计划或组织语用真实的课堂教学活动

英语课堂教学是通过一系列的课堂教学活动来完成的。尤其是在大学英语基础阶段，呈现、讲解、例释、训练、巩固等课堂活动都要与语用能力培养密切相关。对学生能力的培养要贯穿于英语教学的全过程，融于各环节的学习和训练之中。在这些教学活动中，教师要基于语用真实的指导思想来设计和组织教学活动。

（三）努力做到学习环境的真实性

在中国，学生学习英语主要是通过课堂教学进行的。教室本身就是一个真实的学习与交流场所，它能不能充分发挥应有的作用，就在于教师是否能在课堂教学过程中营造有利于学生学习的环境。教师可以充分开发课堂教学的潜力，结合学生的实际生活，设计各种让学生感兴趣的活动，将枯燥的教师"一言堂"转变为师生共同交流、互相学习的场所。

（四）编排语用真实的教学检测评估方案

对于教学来说，教学检测评估起着很大的反馈作用。通过设计编排语用真实的教学检测评估，可以发现学生的语用能力还存在哪些不足之处，从而调整教学，特别是对学生语用能力培养方面的教学，能起到更直接、快捷、有效培养学生运用英语能力的作用。教学检测评估既要符合测试的基本原理，更要注重测试运用能力；不仅要语意真实，也必须语用真实。否则就会误导教学，弱化学生运用英语能力的培养。

四、循序渐进的原则

英语教学的循序渐进原则主要包括以下三层含义。

（一）在听、说、读、写等语言技能的培养上，要遵循循序渐进原则

教师和学生在英语教学中都应该首先侧重听说能力的培养，逐渐过渡到读写技能的培养；另外，听说教学能使学生掌握正确的语音，学到基本的词汇和基本的句子结构，从而为读写能力的培养奠定基础。英语教学从听开始，也符合中国英语教学的实际情况。在中国学习英语，语言环境是很缺乏的一个条件，因此听，是学生获取英语知识和纯正语音语调的唯一途径。教师可以从网上找一些听力材料，尽可能地为学生创造良好的语言环境，锻炼学生的听力能力，只有具备了一定的听力，才能听清、听懂别人说的英语，才能使学生有信

心去说，与别人用英语进行交际，才能保证英语课堂教学的顺利进行。光听是不行的，只有将听力和口语表达结合在一起，才能真正慢慢培养良好、纯正的英语表达能力。因此，在教学过程中，教师应该努力营造比较真实的语言环境，让学生在一定的情境中学会表达思想，学会使用已经学过的单词和句子。一有时间就鼓励学生们之间进行实践锻炼，不断巩固、更正、灵活运用所学的英语知识。在培养学生听、说、读、写全面发展的过程中，创设丰富多彩、形式活泼地说的情境，对提高学生的素质和学习英语的兴趣以及对改革课堂教学模式、改进教学方法都有着极大的作用。

（二）从口语过渡到书面语是一个循序渐进的过程

学好英语要从书面语和口语两个角度着手，全面发展。学生在学习的时候，应先从听、说开始，逐渐过渡到读、写。口语里出现的词汇比较常用，句子结构简单，紧密结合日常生活，因此比书面语更容易学习。通过口语的学习，学生可以尽快地获得日常生活所需的交际技能，有利于学用结合，使教学变得生动活泼。

从整体来说，英语学习本身就是一个漫长的过程，不可能一次完成，因此，它需要循序渐进地进行，不能心急。但是，这里所说的循环，不是单纯地重复，每一次重复都是在前一次学习的基础上，在深度和难度上有所提高。从另一个角度来讲，循序渐进还意味着以旧带新，从已知到未知。教师应该注意从学生已有的语言知识和已经熟悉的语言技能出发，讲授新知识，培养新的技能。教学的各个部分以及前后课之间应该紧密联系，使得前面所教的内容为后面的内容打下基础，而在学习后面所教内容的同时也得复习前面所学的内容，这是一种类似于滚雪球的方法。例如，我们可以利用之前所学的单词来教新的句型，也可以用已经学过的句型来学新的单词。再比如，为学生选择阅读材料时，如果材料中新的表达方法很多，新的单词就不要太多；反之，如果新的单词很多，新的表达方法就不要太多。

五、注重母语的合理使用

在英语教学中，教师应当提倡学生多说英语、多用英语，但这并不意味着不能使用母语。在英语课堂上可以合理使用母语，利用母语优势帮助学生理解学习过程中的难点，这对提高教学效果有利无害。合理使用母语原则包括在英语教学中利用母语的优势和避免母语的干扰两个方面。

（一）利用母语的优势

教师在英语教学中要学会利用母语的优势，借助汉语对一些词义抽象的单词和复杂的句子加以解释。英语学习是在学生已经熟练掌握母语之后进行的学习实践，学生在英语学习之前对时间、地点以及空间等概念已经形成，已学会了表达这些概念的语言手段，因此，利用母语的解释可以帮助学生更快、更好地学习和掌握英语的某些概念。适当地使用母语进行教学，有助于学生理解母语和英语之间的差异，了解英语结构和规则的特点；有助于师生之间的顺利沟通和深化对语言差异的理解和消化，从而提高学习效果。

（二）避免母语的干扰

母语交际先于英语第二语言的学习且已基本上被学生熟练掌握。英语的学习是个相当复杂的过程，母语的使用习惯可能会给英语学习带来障碍。在学习英语的过程中适当使用母语，用母语简单讲授英、汉两种语言在某一结构、某一用法上的差异和特点是可以的。但对母语优势的利用一定要掌握一个"度"，避免把母语的使用规则迁移到英语的用法上面去。如果过多地或一味地使用母语，会在很大程度上给英语的学习带来不利。在英语教学里利用和控制使用母语，要注意以下几个方面。

1. 目前而言，科学的发展、教学方法的改进和现代教学手段的运用，让多用母语作为教学手段的效果日益减弱且劣势日益明显。英语教师可以结合现代化教学设备，运用更加直观的教学手段。

2. 在英语教学中，学生对所学英语词句的理解是相对的。理解包括知道这些语言现象以及隐藏在现象后的本质。在初始阶段，没有必要引导学生过分追求本质，这主要是由于英语的很多用法是习惯问题。

3. 在英语教学中，教师应控制使用母语，尽量用英语上课。要充分考虑教师运用英语的能力、学生的理解能力和接受效果，也可借助图画、实物、表情、手势等直观手段，也可以将关键词写在黑板上，使师生的交际能力在课堂教学中得到有效提高。

总之，英语教学的过程要成为有意识地控制使用母语和有目的地以英语作为语言交际工具和媒介的过程，坚持合理使用母语原则才能更有效地优化教学效果。

第三节　高校英语教学的基本方法

所谓英语教学法，即研究英语的教与学，目的主要在于探讨英语教学的内部规律，进而为更好、更有效地教授和学习英语提出相关的理论和方法。英语教学法是一门实验性很强的学科，其研究遵循着科学的实证研究方法。英语教学是英语教学法的研究对象，具体而言，就是研究人们是怎样学习英语的，或者说教师应该如何去教英语。英语教学法研究的是英语教与学的问题。下面对英语教学的各种方法进行简要分析。

一、语法翻译教学法

语法翻译法是一种传统的外语教学方法，注重与语法规则和词汇学习，从母语到目标语进行对应翻译，并且是以书面语言为中心，练习的方式以语法分析为主。这种方法的教学目标是培养学生正确、完整的语法知识体系，表现为阅读能力和书面表达能力。尽管有各种批评，但是它的优势并不能完全否认。事实上，比较第一语言和第二语言语法的结构特征有利于提高学习者的语法意识，并提高语言使用的正确性，这就是语法翻译法至今仍在使用的原因。

（一）教学模式及教学技巧

以这种教学法为基础形成的语言教学模式可以概括为：阅读—分析—翻译—讲解—背诵。课堂教学安排一般是先阅读文章，教师对课文以及句型进行语法分析，之后逐句翻译、讲解。分析和讲解主要围绕着句子的结构、复杂的语法现象以及两种语言的互译进行。最后要求学生背诵有关的段落，熟记所学的词汇和语法规则。以上五个教学步骤在这种类型的课上不断地重复，体现着语法翻译教学法的基本特征。以语法翻译教学法建立起来的外语教学模式有效地保证了语法和翻译的教学实践。

语法翻译法应用于英语教学中，应注意把握以下技巧：

（1）阅读的文章应当来源于文学作品或语法结构和词汇严谨的文章。

（2）翻译文学作品应包含语法规则。

（3）对比目标语和母语，通过反义词、同义词比较两种语言的结构相似性。

（4）通过演绎法来学习语法。

（5）记忆双语词汇表和语法规则。

（6）做书面练习，通过填空，使用新词造句或写作。

（二）考试形式

语法翻译教学法提倡的是对原文的书面理解，强调的是两种语言书面形式的互译。因此，考试形式自然是目的语和母语的互译，强调意义的准确和语言的流畅。这种翻译考试形式在今天的考试中依然较为流行，因为它能够准确地判断出学习者是否真正掌握了目的语的规则以及理解了目的语的意义。

（三）学习方式

学习者形成了熟背单词和规则的习惯；以语法规则为准绳，分析课文中的每一个语法现象；以母语为基础，理解课文内容。

它对外语教学理论认识所产生的影响可概括为以下四个方面：词汇是语言的核心，语言教学的重心在词汇教学；语法是外语教学之"纲"，语言教学的方式和教学内容需围绕这一中心展开；翻译是外语教学的主要手段，语言教学实际上是两种语言的翻译活动，也就是通过翻译来学习外语；翻译教学法强调的是教师的主导作用，认为教师是教学活动的中心。教师的讲解与分析应该主导课堂。

二、听说法

听说法的教学过程体现了听说法的基本原理和教学原则。听说法专家从各个不同的角度出发，阐述听说法的教学过程。一般运用得比较多的听说法教学基本程序为：口授语言材料→模仿记忆练习→句型练习→对话→读、写练习。

（一）口授语言材料

教师利用实物、图片、手势、上下文、情境等展示语言材料（主要是句型）并进行口授，将语音所表示的语言信息同意义联系起来。

（二）模仿记忆练习

教师反复示范所教的语言材料，学习者进行准确的模仿，如果发现错误则及时纠正。学习者在模仿的基础上反复练习，不断重复，直到可以背诵，这是模仿和重复结合的模仿记忆练习。

（三）句型练习

句型练习是听说法最具有代表性的部分。句型练习形式多样，主要是为了使学习者能够活用所学的语言材料而做的变换句子结构的练习。这类练习主要有替换（用具有同等作用的词替换句中某成分）、转述（直接引语变为间接引语）、转换（肯定变疑问）、扩展（加修饰语扩展句子）、压缩（找出主干句）、合并（几个分句合成一个句子）等。

（四）对话

对话可以进行问答、完成句子等练习，还可以为主要句型提供一定的语境以及使用该句型的文化背景。

（五）读、写练习

读，主要进行朗读语言材料（课文）的训练，要求在理解的基础上正确流利地朗读；写，练习回答书面问题（在练习本上回答课文的问题），或读、写部分内容，等等。①

三、任务教学法

任务型教学以具体的任务为学习动力和动机，以完成任务的过程为学习过程，以展示任务成果的方式来体现教学成就。也就是以任务为核心组织教学，在任务的履行过程中，以参与、体验、互动、交流、合作的学习方式，充分发挥学习者自身的认知能力，调动他们已有的目的语资源，是在实践中感知、认识、应用目的语的教学活动。它是强调在"做"中学、在"用"中学的一种有效的外语教学方法。这一教学法要求，教师在教学活动中，围绕特定的交际和语言项目，设计出具体的、具有可操作性的任务，学生通过表达、沟通、交涉、解释、询问等各种语言活动形式来完成任务，以达到学习和掌握语言的目的。

因此，无论从教学目标，还是从教学模式来看，任务型教学综合了传统教学法和交际教学法的优势，有其独特的吸引力。在任务型教学活动中，在教师的启发下，每个学生都有独立思考、积极参与的机会，易于保持学习的积极性，养成良好的学习习惯，并帮助学生获得终身学习的能力。

（一）教学步骤

任务型教学法主要包括如下几个环节。

（1）导入

这一环节主要是创设学习英语的氛围，吸引学生的注意力，教师可播放一

---

① 王惠莲. 对外汉语教学方法与教学模式的创新实践 [M]. 长春：东北师范大学出版社，2020：24.

些英文歌曲或者与英语相关的视频，通过这些形式导入要学习的内容。

（2）前任务

在这一环节中，教师要为学生呈现出学习任务所需的语言知识，介绍任务的要求和实施任务的步骤。

（3）任务环节

在这一环节中，教师可以给出多个小任务，让学生以个人或小组的形式，运用自己所学过的语言知识完成教师给出的各项任务，从而达到掌握知识的目的。

（4）后任务

该环节各小组要向全班展示任务结果，学生对这些任务结果进行评价，可以自评或小组互评，最后教师给出总的评价。

（5）作业

作为教学的最后环节，教师可根据课堂任务的内容布置相关练习，学生以个人或小组形式来完成练习。

（二）优点

（1）在任务型教学活动中，学生在教师的启发下，都有独立思考、积极参与的机会。如此便有利于学生对学习保持积极性，养成良好的学习习惯，最终帮助学生获得终身学习的能力。

（2）该教学法中，活动内容信息量大、涉及面广，十分有利于学生拓宽自己的知识面。此外，在学生完成多种多样活动任务的同时，可以激发和保持学生的学习兴趣。

（3）在任务型教学中有大量的小组或双人活动，每个学生都有自己的任务要完成，教师可以更好地面向全体学生进行教学。此外，学生在活动中不仅能够学习到语言知识，而且培养了思考、决策、人际交往和应变能力，十分有利于学生的全面发展。

（4）这一教学法能够促进学生积极参与语言交流活动，从而启发他们的想象力和创造性思维，有利于发挥学生的主体性作用。同时，学生在完成任务的过程中，将语言知识和语言技能结合起来，有助于培养学生综合的语言运用能力。

由于任务型教学法的开放性以及自身的诸多优点，所以其在当前英语教学实践和研究中具有十分重要的地位。

四、合作型教学法

合作学习是指学生在小组学习中从事学习活动，合作型教学法强调通过小组内学习者之间的合作完成任务，它提供学习者一个共同学习的环境，鼓励学习者相互帮助，提高学习者个人的学习效果，并达到团体的学习目标。

合作学习教学模式可以解决大班教学中的各种问题，但是如果教师操作会出现教师一头热、学生不响应的尴尬局面。所以教师要特别注意以下几个环节的操作。

（一）合理分组

合理分组是小组合作学习的首要环节。教师应充分发挥其引导作用，促进小组成员间互相帮助相互支持相互鼓励。

（二）灵活组织课堂活动

教师在安排教学活动时，要使每个成员都意识到他们的状态会引起其他组员状态的变化，他们要以合作的方式才能完成任务。合作教学中的主要活动包括角色扮演，话题讨论，小组竞赛、切块拼接等。切块拼接常使用于课文学习，教师将课文分割成不同片段作为学习资料，各小组承担不同片段的学习讨论，然后各小组轮流交流学习的收获，激发小组成员间彼此之间的学习动机和兴趣。

（三）科学评价

为确保合作学习教学模式的顺利进行并取得预期目的，对小组合作学习效果进行科学的评价也是不可缺少的。由于学生分组进行合作共同完成活动，每个学生不仅要学到所教授的知识，而且还有责任帮助其他同学学习。在活动过程中，全组同学有分工、交流、合作，每个人的贡献都对小组的最后成果起作用。通过小组合作学习，学生达到学会求知、学会做事、学会合作、学会做人的目的。①

五、折中法

当一种又一种新的教学法涌现的时候，许多学者选择了折中，因为折中从某方面讲体现了中国文化的智慧，即博采众长，根据某一阶段的教学目标灵活

---

① 周帆.高校英语教育教学理论与实践研究［M］.长春：吉林大学出版社，2017：160.

使用各种教学方法，这一方法一经提出，立即受到很多外语教师的欢迎。例如，长期以来，外语教学十分强调教师的作用，强调教师的课堂教学，形成了"教师中心说"，忽视了对学生学习规律的研究和探讨；后来，随着对学生这个学习主体的重视，有不少学者又认为学生在教学中占据着中心地位，又进一步形成了"学生中心说"，为了避免过分强调某一方面的教学要素，"折中说"便应运而生。折中说看似照顾周全，但是在采用折中法的实践中却出现了新的问题，那就是折中法一方面成了教学万能钥匙，另一方面又成了无所不包的大杂烩，很多实践课跟着感觉走，经验主义主宰了整个教学，使教学重新回归到了传统教学法的老路上。因此，亦有学者撰文指出这种片面地只强调某个教学要素的教学理念，如"教师中心说""学生中心说"以及后来的"折中说"都或多或少地妨碍了教学效果①。在大学英语教学中也出现了同样的情况。

反观教学法历史，可以从两个方面来理解看待这些教学法，以语法翻译法、直接法和听说法为代表的传统教学法虽然着重点不一，但都是从教师的角度出发，从语言内部结构的某一方面来认识语言和处理语言教学的；而以认知法和交际法为代表的教学法都是从学生的角度出发，以心理语言学和社会语言学对语言本质的认识为基础，注重培养学生的思维、情感心态以及语言交际能力。

正是由于作为语言教学基础的语言学、应用语言学、认知科学等相关学科理论的纵深发展，人们对语言教学的认识也才不断加深和丰富起来。语言观的多元性必然导致对语言教学的多维认识；社会语言学、功能语言学和认知语言学的新成果对传统语言教学思想也形成新的挑战，尤其是二语习得领域中社会派对曾长期处于统治地位的认知派提出的挑战，为探索外语教学的规律提供了新视角。在这种背景下，认知派和社会派产生了一些分歧（表2-1）。②

表2-1　认知派和社会派的分歧

	认知派	社会派
语言观	语言是心理现象，由抽象规则组成，存在于个体大脑中	语言是社会现象，与文化混为一体，无法分割，存在于人们交往活动中
学习观	学习者将输入有选择地整合到已有的知识体系中，通过不断输出，逐步将陈述性知识转化为程序性知识	学习者运用语言参与社会交际活动，获得语言、文化知识，转而成为个人脑内活动的材料

① 谭春.外语课堂教学"中心"之辩：反思与建议［J］.外语教学理论与实践，2009（1）.
② 文秋芳.评析二语习得认知派与社会派20年的论战［J］.中国外语，2008（3）.

	认知派	社会派
研究对象	研究语言习得，不研究运用，研究的焦点是学习者大脑中抽象的语言体系特征及其变化情况	研究语言运用，主张语言习得与运用为连续体，无法分割，研究的焦点是以语言为中介的社会交际活动成功的特点
研究方法	从客位角度描述，采用量化法，强调客观性、公正性，反对掺杂研究者的个人观点	从主位角度描述，多采用质化法，强调研究者与被研究者的互动，要求研究者能够从被研究者的角度理解、阐述社会交际事件
哲学倾向	主张现代派观点，相信人与社会可以分为两个实体，语言与文化可以分割成两个独立的抽象体系	坚持后现代派观点，相信人与社会、语言与文化融为一体，不可分割

不难看出，是立足点的不同造就了不同的教学法，而每一种教学法都有其一定的科学性，每一种教学法都有其优势的一面和劣势的一面。所谓传统和现代教学法只不过是在教师与学生、知识与能力、课堂内与课堂外等关系上给予不同的对待罢了。无论是教师为中心还是学生为中心，甚至是折中，师生关系都是教学的重要组成部分，在教学中也没有古板的、一成不变的师生关系，即使在一定教学法主导下的师生关系也会随着具体课堂教学的组织实施发展引起相应的变化。至于知识与能力的关系，首先要确定的是它们二者之间并不矛盾，反而是相辅相成的。知识可以转化为能力，而能力又进一步促进了知识的汲取。教师传授学生知识与培养学生的应用能力是相互一体的，只有把教授的知识通过锻炼不断使知识内化为学生的能力，才真正达到了教学的终极目标；同样，培养学生自主学习能力并使其获得不断汲取知识的能力也是教学的终极目标。好的教师给学生讲授，更好的教师向学生解释，而最好的教师却是激励学生自己去探究，因为课堂内的时间终归是有限的，课堂外的时间却是无限的，一名优秀的教师会充分利用课堂内的时间来激励学生利用课堂外的时间探索知识、培养能力。

其实，教学法本身并没有错，错的是使用教学法的人，在错误的时间和地点选择了不正确的教学手段。每一种教学法都有其一定的科学性，只要运用得当，都会对教学产生良好的效果。

第四节　高校英语教学的发展趋势

一、更加重视语言输入

英语听说读写能力是重要的语言技能，也是衡量一个人综合语言能力的重要指标。著名学者克拉申在谈到他的输入假设时说，人们习得语言是先注意意义的，而不是先要学好语言结构。因此，大学英语教学也应输入相当数量（即 i+1）的有效信息，输入多了，自然也就能听会说（输出）了。就我国目前的英语教学现状而言，英语教学和学习主要在课堂环境中进行，语言输入是有限的。因此，大学英语教学要培养学生的听说读写能力，教师应尽量用英语教学，多让学生听标准的听力材料，要在听的基础上开展说的训练，多做阅读和写作练习，变换多种练习方式，让学生始终保持新鲜感，鼓励学生多开口，在反复输入的过程中轻松培养学生听说读写的能力。

二、探索自主与合作相结合新模式

我国传统的英语教学倾向于教师台上讲，学生台下听的讲座式教学方式，学生在课堂上花大量的时间记笔记，很少能与同学老师展开交流和讨论，更谈不上有自己独立思考的空间。这种机械的教学方式，不但不能形成教学相长，而且很容易使学生丧失创新思维和多角度思维的能力。要突破传统的教学模式，大学英语教学采取自主与合作相结合的模式是一种比较适应我国国情的选择。自主与合作相结合的教学方式即是指在教学中一方面确定学生在教学中主体地位，培养学生自主学习，自我管理的能力，另一方面发挥教师的主导作用，营造学生英语学习的氛围，创造语言应用的环境，让课堂成为学生的舞台。在课堂教学活动中，教师的任务是创设情景，而真正的交际活动应当由学生完成。当组织活动时，可以多组同时进行，然后再由一组或几组上台表演。要注意引导学生克服对教师的依赖心理，大胆活动，教师应尽可能树立学生的信心，培养其独立能力。实践证明：自主与合作相结合的教学模式有助于激发学生的学习兴趣，培养学生的合作能力和自主学习能力，提高学生整体的英语水平。

三、探索激发学生学习兴趣的新途径

随着我国社会经济、政治、科技等的发展，英语的运用越来越广泛，然

而，当前很多大学生英语水平却不够理想，原因就在于学生缺乏学习的兴趣。情感对外语学习的作用至少与认知技能同等重要，甚至更重要些，学生的学习热情越高，就越能产生学习语言的"内驱力"。因此，在大学英语教学过程中，教师应发挥主导作用，面向全体学生，研究他们的年龄特征、心理特点和学习需要，去确定自己的教学方法，努力培养学生的学习习惯，努力扩大学生的知识面，真正激发学生的学习兴趣以提高其学习英语的兴趣。在这方面，充分使用计算机多媒体、网络技术等现代化教学手段是激发学生英语学习兴趣的一个有效途径。

四、加强对大学英语翻译教学的改革

（一）狠抓教学重点，加强翻译练习

翻译是运用一种语言把另一种语言所表达的思维内容准确而完整地重新表达出来的语言活动，翻译能力的高低直接影响着听、说、读、写各项能力的发展。翻译教学的重点应放在语言基础上。语言基础包括语言知识和语言应用能力，前者指语音、语法和词汇等方面的知识，后者指综合运用这些知识进行读、听、说、写、译等语言活动的能力。正确的语音语调、扎实的语法，一定的词汇量和熟练的词汇运用能力是提高大学生翻译能力的基础。同时，由于翻译是一项创造性的语言活动，具有很强的实践性，不通过大量的实践而要提高翻译能力，无异于想学游泳却又不下水一样，因此应当改变以往"只重理论，忽视应用"的做法，发挥英语翻译练习在翻译教学中的重要作用。学生们可以通过课本获得相关的翻译理论、掌握一定的翻译技巧后，再通过大量的翻译练习来切实提高自身的翻译能力。

（二）注重"双外"教学法的应用

近年来在英语教学改革中较有影响的做法有许多，笔者认为其中的"双外"教学法，即既训练外语应用技能，又传授对外交流知识的教学法，比较有助于大学生在英语应用翻译能力方面的提高。因为翻译是人类不同语言思想交流的桥梁，翻译本身是一个互动的过程，而文化和语言是互相紧密联系着的，一定的文化背景知识有助于促进翻译应用能力的提高，翻译能力的提高反过来又能够帮助学生开阔视野，扩大知识面，所以在具体的翻译教学过程中，教师应当以学生为中心，一方面注重提高学生的文化素养，另一方面加强英语听、说、读、写等英语应用技能的训练，以使得学生积累较多的感性经验，使学生的语用能力得到协调发展，从而达到学以致用的目的。

五、充分发挥开展课外教学活动的优势

课堂教学与课外开展教学活动是外语教学体系中两个重要的组成部分。对于大学英语教学来说，课堂教学是基本的教学形式，起主导作用。但课外活动也不可忽视，它对学生掌握知识、培养技能起着不可低估的作用。教师通过课外指导，可以把课堂教学内容和方法进一步巩固、落实，并使之深化和个性化。英语课外活动是学生充分运用英语进行交际，激发创造思维火花的重要途径。教师在引导学生开展课外兴趣活动时应注重学生创新能力的培养。在活动中教师可以组织学生依据现有水平开展各种创造活动，让学生在这些活动中体会到学习英语的快乐和用英语进行创造的愉悦。[①]

六、开展基于信息化的分层次教学模式改革

（一）大学英语分层次教学模式构建

大学英语分层次教学在国内高等教育领域已有一定的理论与实践基础，被很多大学实践，只是各个高校的分层模型不尽相同。最初采用的是按照学生入学成绩分层，并且大多采用流动层级的教学模式：即入学成绩高的采用高阶教学，其余则次之，同时根据本阶段的考核结果决定下一学习阶段的学习层次。这样的分层教学模式给学生造成了一定的负面影响，尤其是被分到"条件较差"班级的学生会产生一定的抵触情绪，不利于教学的进行和人才的培养。

近年来，随着高等教育的快速发展和大学英语分层次教学模式改革的日益深入，单纯以高考入学成绩分层的教学模式已经不能满足社会需求和学生自主学习要求，其原因有以下几个方面：一是不同学科专业对英语的要求程度不同；二是不同专业学生将来就业后所从事的行业对英语的需求不同；三是学生基于自身兴趣对英语的爱好程度不同。现有研究与实践证明考虑以上诸多因素的英语分层次教学能有效减少英语教学的盲目性，提高教学效率，节约教学资源，调动师生的教学积极性。

分层次教学就是根据学生的英语基础学习能力、兴趣特点、专业方向以及将来有可能从事的行业要求等因素，设计不同的教学目标、制定教学方法，有针对性地对不同层次学生进行相应的学习指导，使每个学生在英语学习方面都能达到最佳效果。在我国古代，就是所谓的"因材施教"，而今则是在"因材施教"的基础上，同时关注社会对人才的个性化需求。

---

① 杨海娟. 高校英语课堂教学改革与大学生交际能力培养［M］. 长春：吉林出版集团股份有限公司，2019：19.

（二）信息化与分层次教学改革实践

在教育信息技术推动的变革浪潮下，结合我国大学英语重要转型的契机，应试教育应向多样化应用型教育转化，基础英语教学将向专门用途英语（ESP）转移，为更好地拓展专业知识做好准备。大学英语分层次教学模式改革具备了深度蜕变的改革要素。针对学生的个性化培养和个性化需求，如何建立信息化平台的大学英语分层模型标准变得尤为重要。

为更好地支撑大学英语分层次教学改革，学校应注重资源共享，着力搭建"教学资源平台"。通过有效整合各类电子图书资源、名师教学视频、教师备课资源等搭建了包括视频课程、电子书、学术视频、文档资料等内容的教学资源共享平台。一方面，依托平台有力支持课程的网站建设、在线课程教学、过程分析统计、研究性教学、碎片化学习等，推进了课程信息化教学改革并通过技术开发，实现了平台与校园网门户教务管理系统的无缝对接为师生即时登录开展自主学习提供了便利。同时，学校应加快筹建 MOOC 中心，通过坚持"全面统筹、集中建设、订单开发"的原则，建成符合学校课程教学需求和满足学生多元化学习的课程资源平台，解决课程资源共享和多样化人才培养的要求。加大投入力度，引导与推动不同层次课程与教学团队加快 MOOC 课程开发与建设。这些课程将遵循"以生为主、以师为导"的新型教学理念，要求教师变"教学"为"导学"，引导学生变"听学"为"研学"。加快从"以教为中心向以学为中心""知识传授为主向能力培养为主""课堂学习为主向多种学习方式"的转变，着力培养学生的学习主动性、能动性、独立性，提高学生的创新素质与创造潜能。结合传统大学英语课堂教学的优势，促进师生之间的学习互动，实现教育教学过程线上线下的有机互补。

在全球化趋势下，各国都十分重视信息技术在高等教育领域的应用。教育信息化的发展，在教育理念、教学方式方法等方面产生了深刻影响，实现并重构高等教育的开放式发展。大学英语教学改革经过了 21 世纪以来的不断创新，已经为各学科专业人才素质的整体提升和实际应用做出了巨大的努力，并且朝着更加科学化系统化的方向发展。但从高等教育国际化需求和互联网发展趋势来看，我国的大学英语教学改革和教育信息化发展程度仍有较大的融合空间，还有一些关键问题亟待解决。

同时，师生的计算机技术培训也必不可少。现如今网络覆盖日趋扩大尤其是智能手机终端的海量增加已经基本实现了"泛在学习环境"，把握新形势下大学英语教学改革，刻不容缓。①

---

① 丁睿. 大学英语教学发展研究［M］. 长春：吉林人民出版社，2019：33.

第三章　应用语言学与高校英语教学的关系与融合措施

当前，应用语言学已经成为语言学的一个重要组成部分。应用语言学是运用语言学的理论知识来解决具体的实际问题。学习语言的最终目标是运用语言维持人际关系，提高自身的交际能力，但语言的基础性知识并不是交际能力好坏的决定性评判依据，交际能力的好坏更依赖于人们对语言技巧使用的熟练度。换言之，语言知识是语言学的基础，技巧是语言学的媒介，而学习语言的最终目标是提高自身的交际能力。所以，学生在掌握一定语言学知识的同时还应当加强语言使用能力的培训力度，主要强调听、说、读、写等方面的技能训练。尽管英语教学在国内的覆盖范围已经很大，但从目前的教学情况上来看，大部分学生的英语水平都不高，而应用语言学在英语教学中的有效应用，能够在很大程度上改变这种不良的学习现状，调动学生学习英语的积极性及主动性，提升他们的自主学习能力，最终助推高校英语教学的顺利开展。

第一节　应用语言学与高校英语教学的关系

一、大学英语教学中的应用语言学原理

外语教学不仅仅是教师的输出和学生的输入过程，而是通过复合的交流方式以实现学生运用语言的综合能力。其最终目的是能够使得学生运用语言，正确、流利和得体地进行交流。下面就从外语教学的三个层面——词汇教学、文化教学和教学模式来探讨教师和学生凭借应用语言学的指导来进行教学实践活动，并最终达到更好的教学效果的过程。

(一) 词汇教学

词汇教学是英语教学中最重要的单位，词汇量只有积累到一定的数量，才能听懂别人的意思并顺畅地和他人进行交流。但传统的教学方法过分重视语法结构的教学，将语法结构的教授视为教学的目标。这种方法忽视了词汇教学的重要性以及学生对语言的实际应用能力。在词汇的教学过程中，教师应该充分发挥其自身的组织和协调作用。要有针对性地对学生进行指导，帮助学生树立信心，克服其心理障碍。教师应该根据词形、词意，对词汇进行分类，科学地组织材料，让学生的接受有一个循序渐进的过程，亦可以在文章中讲解词汇，让学生根据文章来造句。教师还可以结合最新的时事新闻讲解词汇，给学生留下深刻印象。此外，组织学生进行词汇接龙，能够增加课程的趣味性。学生在学习的过程中，首先要结合自身的实际，吸取总结他人有利的经验，形成适合自己的学习模式，并要长期地付诸实践。教师和学生要注意结合词汇学习的方法，诸如归类记忆法，构词记忆法，语境记忆法，图像想象法，相似联想法，谐音联想法，循环记忆法，等等。这些学习方法可以交叉进行。只有通过多多地接触词汇，才能让学生真正感受到词汇的魅力，从而能够按自己的学习方法坚持下去。

(二) 文化教学

语言和文化就好像鱼和水的关系，息息相关，相互影响。而外语教学过程也是一种文化的传承过程，文化元素渗透到教学过程的始终。但传统的教学忽略了文化教学的内容，只是以语言知识为主，存在着重视语言基础技能训练而轻文化的现象。从社会层面上来看，这种教学形式已经远远脱离了时代发展的实际需要。我们应该在教学过程中融入文化因素，使得教学和实际相结合。在文化教学的过程中，教师应该根据教学内容和教学对象来选择文化内容。遵循循序渐进、由浅入深的方式，有目的、有针对性地深入文化因素，逐渐扩大学生的文化知识。

(三) 教学模式

传统的外语教学是以教师为中心，向学生灌输的方式进行，教师是课堂的主体。这种单一的语言输入模式不利于学生对语言的应用，遏制了其应用能力的发展，这也是造成诸多不良现象的原因。为了改变这种状况，我们在当前教学过程中应该转换角度，采取以学生为中心的教学方式，让学生积极主动地参与到课堂教学过程中来。可以事先将学生分为若干个小组，课前给每个小组分配一定量的知识内容，让其在课余时间查阅，上课时分享给全班同学，各个小组之间可以就某个问题进行探讨，也可以让教师给予解答。学生在查阅知识点的时候，可以借助于多媒体，教师在讲解时也可以利用此类设备，将图像、文字和声音结合起来，这样就可以调动学生的积极性，督促学生学习。并且将原本抽样枯燥的内容活灵活现地表现出来，可以大大提高学习外语的效率。目前流行的"翻转课堂"和"慕课"就是一种很好的教学模式。前者就类似于以学生为中心的教学模式，教师负责答疑解惑；后者是根据学生的注意力集中是有限的这一特点来控制教学时间，并利用网络让学生答题闯关，最终获得答案的方式。

总而言之，应用语言学同外语教学是相辅相成的，前者指导后者，为后者提供理论基础；而后者是前者的实践，在不断实践过程中为前者提供新的信息，形成新的理论和研究内容。相信随着研究的深入，应用语言学在指导外语教学这个方面一定会走得更远，能够回答更多未知的问题。

二、引入应用语言学对英语教学的影响

（一）对英语听力教学的影响

不管从哪个角度来讲，英语的听力都是非常重要的。因为人体的构造有差别、生活的环境、每个国家的国情等因素，学生不能真正地听清楚外国人的发腔，使得一些短语和句子连接起来就不明白什么意思了，虽然汉语和英语是有本质的区别，但是如果我们注意方式方法的话，那对于我们的英语的提高是有很大的提升，大部分学生由于惯性思维，很容易就把听到的英语句子混淆，使他们不能很好地理解其中的意思，从而使英语题目做错，如果很好地掌握听力的话，是离不开应用语言学的介入的，可以很好地帮助到学生听力的提高。

（二）对英语口语的影响

在英语学习的当中，口语也是非常重要的，很多的学生可以考很高的分数，但是一遇到口语就不行了，这是一部分考高分的学生的苦恼，很多学生不敢开口讲话，就是会听，会写，但是不能说，出现这种情况主要是因为，我们的学习精力都放在考取高分数上面，而忽略了口语的表达，而我们不仅要进行英语单词的掌握，也要对语法进行掌握，更要对外国人的俗语进行掌握，他们的语言和汉语一样，有正式语和平时俗语之分，可能正式语用到的句子，俗语是不会讲的，所以这更加造就了一部分学生学习英语的困难，我们平时见面都会问"吃饭了吗""干吗去啊"，而在英语当中就绝对不会这样讲的，因为他

们是对于自己的隐私相当注重的，他们会认为你侵犯了他们的隐私，从而会讨厌你，所以这就是我们国家的国情和别的国家不一样所造就的，如果想要解决这一问题，就要在平时的生活当中、课堂当中积极地培养英语的说话方式，了解国外的历史，然后根据自己的实际情况来做出学习的改进。

（三）对英语翻译的影响

在我们做英语翻译成汉语的题目时，不能只按照字面上的意思进行翻译，具体要考虑当时的情景，国外的文化进行翻译，切记不可以机械式地、一字一句地进行翻译，要对自己的主观形态和外国人的说话方式等情况具体考虑，如果只是翻译一个单词的意思，会造成翻译出来的文字不通顺，不知道表达了什么意思，所以我们要加强这方面的训练，提升自己的翻译能力，要结合外国的文化，场景进行合理的翻译，其实如果想要真正地翻译好，那也是相当困难的，这离不开我们平时的多读、多看。由上述可见，应用语言学对于外语翻译来讲产生重大的影响。

（四）对写作的影响

一般我们做英语试卷的时候，最后一题就是要写一篇好的文章，而在写作时是对上述这几点事项综合的考量，如果明白了上述说的事情，那么写出来的文章不仅通顺而且用词优美，充满内涵，这是取得高分数的最重要的一部分，学生在进行写作的时候一定要注意语法的运用，并且要在语言表达习惯和应用习惯的基础上，把外国的文化融入进去，学生在写作的时候如果不能很好地运用其中的表达方式，那么就会出现写作困难的情况，所以说文化导入就显得尤为重要，不仅能够开阔学生的视野，提升他们的写作能力，还能培养学生的英语语法习惯，使学生可以更好更快地掌握外语文化。①

第二节　应用语言学与高校英语教学融合的意义

一、明晰高校英语教学方法

不管是何种教育层次，学生始终是课堂教学的主体，高校英语教学也不例

---

① 赵萍. 应用语言学视角下大学英语教学研究［M］. 长春：吉林人民出版社，2020：57.

外。在高校英语教学中，如果能从学生的视角出发来明确相应的英语教学方式和方法，那么在实际的教学过程中就能起到事半功倍的作用。

从语言学的角度分析，英语的学习重点应该在口语交流上，这是通过应用语言学的理解分析得出的重要结论。然而，在传统的英语学习中，教师更多注重的是课本式英语的学习，即强调英语单词的记忆、语法的理解和掌握。这样的英语学习属于现代应用语言学不赞成的一种教学方式。因此，应用语言学的一种努力方向就是教材的改革将多元化的教学方法融入教材之中，这样可以方便教师更好地应用教学方法，学生更好地学习。口语交流是应用语言学对英语学习途径的有效凝练，教师可以利用教材进一步开展多元化的英语口语等方面的练习。①

在进行英语课程设置时，一定要明确教学的最终目的和根本任务，再按照一定比例安排课时。譬如，由于实时翻译和文学翻译在培养目标方面存在一定的差异，因而二者在课时设置的要求上也应该有所不同。所有英语学习者均渴望具有较高的英语交流能力及语法应用能力。应用语言学的重要原则之一就是以学生的具体目标为基础，制定切实可行教学方案。如果学生对基础性知识了解得不多，就应当强化其口语的教育力度，使学生积极主动地开口练习英语。除此之外，提高应用语言学的教学效果还可以通过广播、杂志等媒介形式，激发学生的语言学习兴趣，鼓励学生主动参加到英语实践活动中去，活跃英语学习氛围，进一步提高学生英语口语表达能力和技巧应用能力。换言之，高校在英语教学方面应该从学生的角度出发，明晰教学方式及教学方法，继而增强高校英语教学灵活性。

二、明晰高校英语教学内容的短板

通过比对西方国家和我国的应用语言学教育，我们可以发现我国高校英语在应用语言学的运用方面存在两个方面的问题。

1. 我国高校英语教学过度强调语法的运用方式，忽视了语言在情感方面的表达。教师在进行英语授课时，过于注重学生对语法、发音、理解和整理语句的能力，忽视了对学生英语情感表现力的教育。英语教师在对课文进行分析和讲解时，对语法使用和句子结构组成进行的分析几乎占用了大部分的授课时间，这在很大程度上减弱了教学效果，使学生忽略了英语运用的实际环境，只注重语法使用的正确性以及意思表达的完整性。

2. 教师在英语授课或者学生练习的过程中如果发现有问题，通常会立刻

---

① 胡丹. 英语语言学及应用语言学研究［M］. 长春：吉林人民出版社，2021：152.

指出或者纠正，并不会对学生存在的错误进行深入的观察和解析。而事实上，教师应当针对学生出现错误的地方进行分析和总结，了解学生在学习方法和知识层面上存在的不足，有针对性地指导和帮助学生，使学生从根本上避免错误的再次产生，帮助学生选择恰当的学习方法。比如，为了达到强化英语课堂学习的效果，首先指导学生针对英语教学内容中的某个学习过程进行方案规划，教师按照教学内容对学生的方案规划布置相应的学习任务，通过对学习任务和教学目标的确认，对学生进行全面的指导和教育，确保英语教学质量以及应用语言学在英语教学中的运用效果。我们有理由相信，通过对以上两个教学内容短板的补充，学生在英语学习过程中就能受益匪浅。①

第三节　应用语言学与高校英语教学融合的具体措施

一、以应用语言学理论指导高校英语教学改革

尽管当前我国高校英语教学在理论方面已经有所改进，但从整体的角度来看，理论水平仍旧较低，相关研究工作尚未完备。这是开展教学改革的不利因素，对此我们应该有足够的认识。任何一种改革运动，都必须有一定的理论做指导，这是一条已被无数事实证明的真理，高校英语教学改革当然也不例外。为了能够有效提升应用语言学在我国高校英语教学中的应用水平，必须要在高校英语教学改革的过程中，进一步提高对应用语言学的学习重视程度。大学英语教学改革绝不是少数人的事，必须有广大教师的积极参与，唯有如此改革才能成功。从现在的情况来看，大多数教师都具有一定的教学经验，但理论素养还比较欠缺。英语教师在研究应用语言学理论时，需要掌握更多的语言心理学、教育学和心理学方面的知识和技巧；同时还要能将应用语言学理论同实际的英语课堂教学结合起来，根据学生的英语掌握水平来制定出更为合适的英语教学方案，帮助学生掌握英语的学习规律。英语教师在提升应用语言教学能力的同时，还需要重点增强在应用英语专业理论方面的知识储备。无论是理论能力还是实践教学经验都很重要，都是提升英语教学水平的关键。只有将二者有效结合起来，才能够更好地总结英语实践教学过程中发现的各种问题，满足学生的不同英语学习需求。

---

① 郭慧莹. 应用语言学理论视阈下高校英语教学实践研究［M］. 北京：冶金工业出版社，2019：13.

除此之外，高校在英语教学改革的过程中，应该大力开展应用语言学及相关学科的理论学习，如普通语言学、心理语言学、社会语言学、教育心理学等。在理论学习的基础上，总结教学经验，提出比较科学的、符合外语教学规律的改革方案，用理论指导教学改革。当然，也应该认识到理论也有正确和错误之分，这就要求我们在实践的过程中对正确的理论进行验证，对错误的理论进行修正。通过这种方法，应用语言学的相关理论便能够与我国高校英语教学的实践有机结合，得到持续的发展。

二、注重培养学生的口语能力与写作能力

从整体上看，我国高校英语教学长期以来均以"阅读型"教学模式为主导。课程以精读为主，辅之以泛读和快速阅读，每周有 1~2 节的听力课。这种教学模式是适应我国改革开放前的实际情况的。当时我国对外交往较少，大学生毕业后除了阅读外文资料外，基本上没有用外语进行交际的机会。因此"阅读型"教学模式满足了那个时代大学生的需要。但是现在时代不同了，随着对外交往的不断发展，国内的独资企业和三资企业越来越多，各行各业都需要一批具有较强外语交际能力的管理人员和工作人员。而大学毕业生往往是他们招聘的首选对象。这就对大学生的外语水平尤其是交际能力就有了较高的要求，也就是说，这对高校的大学英语教学提出了新的、更高的要求。而"阅读型"教学模式满足不了这种需求，这一状况许多毕业生都有切身的体会，原国家教委高教司公布的一项调查结果也证实了这一点。为了迎合社会发展的需求，满足用人单位对人才外语能力的要求，我国各大高校在英语教学过程中应该重点培养学生的对外交际能力，具体而言，就是要提升学生的口语能力及写作能力。

从语言学习理论的角度来看，人类的语言行为按照交际方式及交际方向会出现一定的差异，可以分为"听"（listening）、"说"（speaking）、"读"（reading）、"写"（writing）四种形式。"听"和"读"对学习者来说，是语言理解（language comprehension），也是语言输入（linguistic input）；"说"和"写"是语言生产（language production），也是语言输出（linguistic output）。语言学习的过程一般分为三步，即语言输入（input）→语言吸收（intake）→语言输出（output）。由此可见，语言输出是语言学习过程中的最后一步，也是语言学习的最终目标。如果高校在英语教学过程中不重视语言输出，也就是不重视口语及写作能力的培养，那么便与语言学习规律不相吻合，也就不能从真正意义上实现语言教学的目标。

通过上述论证，我们认为高校英语的教学模式应该尽快从以往的"阅读

型"转变成"听说型+读写型",并重点培养学生的口语能力及写作能力。通过应用语言学理论的正确指引和帮助,在实际的英语教学中,培养学生的"听说读写"能力,特别是说英语、写英语的能力,强化学生的英语综合应用能力,使学生勇敢地用英语来表达自己、展现自己,帮助学生更好地掌握英语思维方式,完成对"说写"英语学习的教学改革,改变过去那种"只看不说"的英语学习方式,使学生将在课堂学习到的英语知识有效地应用于实际的生活交流当中。

三、完善高校英语教学系统

我们应该认识到英语的学习及应用是一个缓慢的渐进过程。为此,英语教师对学生英语应用能力的培养也应该是一个循序渐进的过程。从应用语言学在英语教学中的应用效果来看,英语教师需要在今后的英语教学当中,采取循序渐进、因材施教的教学原则,逐渐完善整套英语教学系统。随着全球经济一体化进程的加快,英语的全球普及将会是大势所趋,因此对学生英语能力的培养需要从小抓起,打牢学生的英语学习基础,更重要的是在日常的学习和生活中,要有意识地去培养学生的英语应用能力,为学生创造更为舒适、和谐的英语学习环境,例如强化学校各级教育阶段的双语教学意识;聘请水平较高的专职外教人员对学生进行专业性指导,使学生增强与英语母语者的沟通及交流能力。

近年来,我国部分学者认为英语教学是一项"费时低效"的工程。一个学生从小学到中学再到大学,学习英语的时间少则七八年,多则十多年,但学习的效果似乎很不理想,许多人大学毕业了,仍然是说不出、听不懂,我们认为,"费时低效"的现象在许多学生身上确实存在。但是,我们对"费时低效"要有一个客观的分析,不能以偏概全,一概而论。我们应当看到,许多重点大学学生的英语水平还是很不错的,他们在大学英语四六级考试中获得好成绩,在全国或地区性英语竞赛中经常获得好名次,不少毕业生在就业面试时所表现出的英语口语能力,受到用人单位的好评。再从 TOEFL 和 GRE 考试来看,获得高分的也大有人在。除此之外,许多大学生在校期间就能听懂外国专家的学术报告,并能用外语同专家进行比较浅近的讨论。有的还担任专家陪同,参与接待工作。这些均证实,我国英语教育,包含高校英语教育,已经取得了突破性的进展,并为我国社会的发展做出了突出的贡献。但这种发展尚不均衡,各个学校之间、各个学生之间仍旧存在较大的差距。

从语言学的角度来讲,英语学习中出现"费时低效"的现象在一定范围内具有普遍性,但这个问题并不能立即解决,这主要是因为以下几个原因。

（1）语言是一种十分复杂的社会存在，人类对它的本质还缺乏深刻的认识，语言学家对于语言是什么这个问题至今还没有找到令人满意的答案。对于一个还不很了解的事物，人们是很难去掌握和驾驭它的。

（2）语言是一种社会现象，一种语言是在一定的社会背景和环境中产生和发展的，要在本族语的社会背景和环境中去学习一种外国语，的确是一件旷日累时的事情，不可能速成高效。

（3）语言与思维既紧密相连又相互制约，思维模式决定语言模式，要在不改变思维模式的情况下去改变语言模式，很难做到。而要学会一种新的思维模式，也不是一朝一夕所能成功的。

（4）年龄因素在外语学习中起着重要作用，小学和中学阶段相对来说是学习外语的最佳时期，但往往因为师资条件、教学设备和学习环境等诸多原因，不少学生没能在这一阶段为外语学习打下扎实的基础。而到了大学阶段之后再进行补课，只能够收到事倍功半的成效。

以上论述造成"费时低效"的原因，目的并不是让大家放弃学习英语，或者不去努力提升教学效率，而是希望通过这一点证实高校英语教学应该采取实事求是的态度，既不能要求过高，也不能操之过急。我们的教学目标是培养大学生具有一定的听说读写能力，为毕业后要做的外语工作打下一个比较扎实的语言基础。但如果要求非外语专业毕业的大学生一走上工作岗位，就能用外语发表演说，就能在国际会议上担任翻译，就能与外国人自由交谈，就能用外语起草文件，这显然是脱离现实的。即便是英语专业的毕业生，也不是所有人均能达到这个要求。从这个意义上讲，高校英语教学更应该坚持实事求是的理念，以现实状况为指导，采取切实可行的措施。

四、加大英语教师对应用语言学的认识

（一）教师需"隐匿"的发挥自身主导作用

在高校英语教学范围中，已经适应理论教学体系的成员实际上不仅限于英语教师，多数学生也会对基于应用语言学的英语教学模式保有陌生的参与态度。因此，教师应在开展教育活动时起到"隐匿"的主导作用。隐匿意味着教师不能重复以往的"带领举动"，要坚决落实学生主体的新英语教学模式。但当学生处在"适应"的时间阶段时，教师需要对学生的学习态度与方式进行引导，辅助学生进入到"应用语言学"的习得范围中。以引入教学为例，教师需要抛出线索，引导学生自发参与到课堂中。教师可使用情境教学法，为学生创设以教材为主的情境思路，要求学生自发学习对话、模仿对话，教师则

在整个过程中充当纠错者，负责及时扭转学生错误的应用思路。

（二）教师需加大对应用语言学的应用力度

在新课环节，学生接触的多为基础英语的引申内容，例如商业对谈、名著选读等教学素材。商业对谈、商务公函等教学内容的应用性较强，学生很容易建立应用类思路。因此，教师只需为其下达课堂任务指令即可，如选定公函或对谈话题，要求学生在规定时间内完成语言任务等。而对于名著选读等应用性较低的教学内容，教师可以播放依照名著改编的音像资料，要求学生全英复述影片内涵，从而锻炼学生的总结能力与即时谈话能力。在使用应用语言学的过程中，难点在于学生从接触到适应的这一阶段。因此，当教学模式改革出现适应性的问题时，英语部教学人员应尽快开展专项研究，务必要尽快解除学生在听、说、阅读层面上的应用障碍。

（三）教师需提升学生兴趣

兴趣永远是学生主动学习的第一推动力。大学生的思想和思维逻辑虽已成型，但兴趣也仍然是学生参与学习的决定性因素。故高校教师便不应忽略兴趣教学的教育优势，要将兴趣提升，也归置到教学模式的改革路径中。教学模式的改革不应限定在课堂范围内，大学生的课时安排较为自由，教师可利用网络教学或网上考核等新兴教育形式，调动学生参与英语应用教学的积极性。考虑到高校现代化教育水平普遍存在的限制性特征，教师可推荐学生使用"英语流利说""百词斩"等实用性和趣味性较强的手机 APP 进行学习，学习范围可选定在四级、六级或八级范围内，也可以选择雅思、托福等专业性极强的学习类别。具体可按照学生的个人能力进行调整。这种课外学习教育方式一方面可以补充高校在现代化教育方面的缺憾，另一方面，这种已然成型的教育形式，可以最大限度地减少高校开展课外应用教育的"磨合流失"现象。即初成型的课外教育模式会存在磨合期，处在磨合期的教育效果不一定会起到正面作用。"英语流利说"在于锻炼学生的"听、说"能力，百词斩负责扩充学生的词库，当学生在课外累积好足够的应用知识后，教师可使用网络作文评分网，要求学生提交命题作文，从而在课外完成学习—积累—考核等全部的自学活动。

（四）教师需对应用语言学进行深入研究

对于中国大学生而言，英语是一种偏陌生的语言学科，并且从语言学的角度来看，语言是一种社会现象。生活在汉语社会中的学生如若没能选择一种行之有效的实践方式，其就会处于能听能写但无法活泛应用的状态下。因此，针对这种"活学不能活用"的现象，教学人员就应及时针对学生的反应状态进行研究，例如学生无法在对话中转换时态时，教师就应针对普遍状况来调整教学方式，直至学生可形成高效率的应用型转换技巧。[①]

总而言之，应用语言学和高校英语教学之间存在着紧密的联系。高校在英语教学过程中，应该将应用语言学的研究及应用视为一项系统性的工程，认清这项工程的开展具有复杂、灵活多变等特征。有鉴于此，高校在进行应用语言学的研究和应用时，要结合自身的教学特点开展教学活动，只有这样才能发挥应用语言学的真正力量，提高我国的英语教学水平。教师要进一步明确英语教学方式，找到英语教学中的误区所在，健全英语教学系统，让更多的学生愿意主动参与到英语知识的技能学习和应用当中，提高英语课堂的教学质量。将应用语言学应用于高校英语教学中，在助推高校英语教学改革方面也发挥着重要的作用。

① 朱军平. 基于应用语言学的大学英语教学模式改革研究［J］. 海外英语，2021（20）.

第四章　应用语言学与高校英语基础知识教学融合探究

英语教学是一个系统的工程，而非是单纯的语言传授和接受，它是通过多种手段或途径来对学生语言综合运用能力的培养过程，从而使学生能够正确、流利的进行英语交流。应用语言学作为语言学的重要分支，已逐渐发展成为语言学界最大的学科之一，应用语言学就是通过对理论语言学知识的运用来实现各种实际问题的解决，英语教学中，应用语言学贯穿于始终，本章主要阐述了应用语言学与高校英语词汇教学的融合以及应用语言学与高校英语语法教学的融合。

第一节　应用语言学与高校英语词汇教学的融合

一、英语词汇教学概述

（一）词汇教学的必要性及作用

词汇教学是英语教学的基础，关系到英语教学效果的有效完成，因此在教学中注重词汇教学是非常必要的。另外，词汇教学也对英语其他能力的培养起着非常重要的作用。下面我们对其展开具体论述。

1. 词汇教学的必要性

在日常的英语教学实践中，由于受传统应试教育的影响，一些教师为了让学生得高分，过分注重语法、句型、阅读等教学和各种应试技巧的训练，而用在词汇教学的时间少之又少，这就大大忽视了词汇教学的地位，进而影响了学生学习词汇的兴趣与效果。对词汇教学的应试教育的结果导致有些学生在词汇学习方面存在很多问题，如拼写错误、遗忘速度快、不能准确地说出词汇，词汇学习也会对英语其他技能的学习产生一定的影响。阅读中，如果学生遇到很多生词，面对长篇的阅读材料，他们就会无计可施；听力中，如果学生在词汇方面知识非常薄弱，这会给他们的听力造成一定的理解障碍。写作时，如果学生不具备一定的词汇量，是无法将作文中的主题阐述清楚的，长期下去则会让学生丧失英语学习的兴趣，甚至还会对此产生恐惧心理。因此，加强词汇教学是非常必要的。

2. 词汇教学的作用

词汇教学是语言教学的重要基础，它在语言教学中有着非常重要的作用。然而，词汇教学在过去的英语教学中并没有引起足够的重视。过去受直接教学法和视听教学法的影响，在英语教学中过分地强调语法结构的教学，关于词汇的教学被控制在了很小的范围内。直到 20 世纪 70 年代，交际教学法才被正式运用到英语教学中，人们从此开始重新考虑词汇的作用。特别从 20 世纪 90 年代以来，词汇教学开始受到越来越多人的关注。词汇和句法是不可分割的，在二者之间存在着一种半固定结构，这种结构同时兼有词汇和句法特征，也就是所谓的词汇块（lexical chunks）。词汇块可分为：词和短语，惯用语，搭配词，句子框架和引语四种类型。学生掌握这些预制的语言板块，有利于提高他们的语言交际能力，具体表现在以下两个方面。

（1）掌握这些预制的语块，可以提高学生口语表达的流利性。中国的学生长期受传统应试教育的影响，导致学生在用英语进行口语表达方面的能力非常薄弱，虽然学习了很多年的英语，但只是对个别词汇的记忆，并不能将其运用到英语交际中。掌握这些预制的语块，有利于学生按照语块的搭配或者惯用语将单一的词汇转换成通顺的句子，长期训练下去，学生的英语口语表达能力也会得到一定的提高。

（2）掌握这些预制语块，可以有效提高学生的阅读理解和听力能力。由于学生进行词汇学习时，往往单纯地记忆单个词汇的含义，缺乏一定的联想能力。这就导致在阅读理解时或许每个单词都认识，但是却不能理解长句或语篇的主要内容。这也同样适用于听力理解，听力训练中学生只是听到了单个的词汇，却没有从语块的角度听懂整个听力的主要内容。

而掌握这些预制语块，对学生的阅读理解能力和听力能力都起着非常重要的作用。这是因为，掌握这些语块，学生在阅读理解和听力训练的过程中就不会再以单个的词汇为基础，而是以多个词所构成的语块为单位来进行理解，这样有利于学生理解阅读和听力的主要内容，从而激发学生学习英语的兴趣，最终有利于学生英语综合能力的提高。

综上所述，词汇教学对于学生综合的英语学习有着非常重要的作用，直接关系到听、说、读、写、译五项技能的培养和提高。但是，词汇学习并不是简单的死记硬背，这就要求教师在词汇教学中，要采取正确的方法引导学生的学习，减轻学生的学习负担，相应地提高学生的词汇学习质量，注重培养学生的思维能力，让学生积极、主动地进行词汇学习，加强对学生词汇学习方法的指导与策略训练，努力培养学生可持续发展的词汇学习能力，最终实现有效的词汇教学。①

（二）词汇教学的原则

1. 系统原则

语言是个系统。词汇系统是其中个重要的子系统。系统的一个重要特点是它内部成分之间的相互联系性。英语单词虽然数量庞大，难学难记，但其本身却有规律可循，就其系统，规律而言，英语词汇的构成（词根与词缀）、词汇的聚合关系、英语词汇的多义性应该是大学英语词汇教学的重点所在。

英语单词是由词素（词根、词缀）构成的，词义是由词素产生的。如果掌握了词素，懂得了基本的构词法，就能较容易地扩大词汇量，较容易地记忆单词。

（1）词义的聚合关系

词汇单位的同义、近义、对比与反义的聚合关系，是语言系统性的表现。在大学英语词汇教学中，有的教师不重视同义词、近义词、对比词和反义词的辨析讲解，认为学生可以在语言运用过程中自然而然地掌握其用法，其过程犹如母语学习。然而从外语语言学习的规律来看，忽视词义的关联关系的教学方法是不可取的。母语学习始于幼儿时期，儿童是在大量的语境中经过无数次的摸索才获得某一个词义在某一语义中间所占据的位置，它的聚合和相互关系，它在上下文中的作用，即认识它的句法、语义和御用特点。生活在母语环境中的儿童，其接受的语言输入是真实的，其语言习得过程就是社会化的过程。而外语学习是在有限的、模拟的语用环境中进行的，无论是从输入的质还是量都远远比不上母语习得的语言环境。因此，教师应该重视利用单词之间的同义关系、反义关系、对比关系与反义关系练来帮助学生掌握和记忆单词的意义关系，尤其是近义的关系。

（2）英语词汇的一词多义

英语词汇的"一词多义性"也可以理解为词汇的"伸延性"。在英语的词

---

① 王丹丹，员珍珍. 中外文化视角下英语教学探索［M］. 长春：吉林出版集团股份有限公司，2019：59.

汇中，除了一些特定的科技术语外，大多为一词多义。事实上，越是常用的词，该词所包含的意思就越多，在不同的语境中表示不同的意思。例如 green 一词的最基本用法是形容词，意思是"绿色的"，如 green leaves（绿叶）。但 green 一词又有一些其他的意思，如 green apples（未熟的苹果）中的 green 一词的意思是"未成熟的"。Green hand（生手，没有经验的人）中的 green 一词的意思是"无经验的"，a green December（温暖无雪的十二月）中的 green 一词的意思是"温暖无雪的"，a green old age（老当益壮）中的 green 一词的意思使"精力旺盛的；青春的"。green 还可以与其他词一起构成合成词。例如：green grocer（蔬菜水果商），green heart（产生热带美洲的绿色硬木），green house（温室，玻璃暖房）。

由此可见，只有把词汇放在它们所出现的语境中，通过上下文来理解词义，进行教学，才能让学生准确地掌握词义达到融会贯通的目的。

2. 文化原则

语言是文化的载体。一种语言的词汇结构、词义结构和搭配无不打上该语言社团文化的烙印。外语中概念意义与母语中一致的两个词很可能在文化意义上大相径庭。外语教学的最终目的是使学生具有跨文化交际的能力，这就要求外语词汇教学中对可能产生歧义的词汇进行特殊处理，使学生在学习外语词汇的过程中培养跨文化意识。

英汉文化的差异体现在对于动物的喻词方面是很明显的。动物词喻义的产生，与动物的外貌、生理、性格、行为、习性有关，同时也与一个民族文化内容、文化传统和文化心理，包括神话、传说、文学、历史、艺术、语言、地理环境、风俗习惯和审美情趣等有关。

3. 认知原则

研究结果表明，母语词汇习得与外语词汇习得特点是不同的。儿童母语词汇习得的过程是一个与其生理和认知特点密切相关的特殊学习过程，其所处的社会环境和语言环境对其语言能力的发展有着十分关键的意义。儿童的词汇学习过程中，有一部分词是母亲或周围人用直接的方法传授的（多次的、有意识的重复和纠正），另一部分足自己习得的。外语学习使在学习者已经有了一个较为完整的认知基础的情况下进行的。学习者的母语知识，对语言的一般知识和整体的认知能力都将对外语的词汇学习产生影响。所以在教学中除了对词汇进行一定程度的分析和比较外，教师还应该在外语词汇学习认知规律的其他方面给予指导：

（1）区别对待积极词汇与消极词汇

积极词汇：又称为主动性词汇，学生不仅需要理解这类词的意思，还要达到以下多方面的要求：会读；会拼写；能说出词义；能知道该词的语法属性；能正确运用该词的搭配；能指出该词的感情色彩。这样的词汇称作积极词汇。教师需要花时间举例、问问题，以便使学生真正理解这种词汇的意思和掌握它们的用法。

消极词汇：又称应接性词汇，教师只需学生在做阅读或听力时理解词汇的意思，而不要求他们会自己运用的词汇称为消极词汇；在教这类词汇时，教师不需花很多的时间，只需给简单的例子。如果这类词汇是在阅读文章或对话中出现，教师只需引导学生们猜出它们在上下文中的意思。

值得强调的是，学生们需要理解的词汇远远超过他们会用的词汇，因此，教师千万不要把所有的词汇都作为积极词汇处理。我们教师要通过自己的教学使学生们不断地扩大积极词汇，达到熟练掌握和运用更多的积极词汇。

（2）记忆单词的方法

学习外语词汇的过程可以说是一个与遗忘做斗争的过程，这个遗忘不仅指词汇拼写的遗忘，而且还指词汇用法的遗忘。从心理学角度来看，遗忘是很正常的，问题在于如何把不该忘记的词汇牢牢地印在脑子里。心理学家对遗忘现象的研究成果表明：无意义的东西比有意义的东西容易忘记。所学习的新知识、新技能建立的间隙越多，越不容易忘记；零散的知识比经过归类的容易忘记；新知识、新技能，开始时忘得快，越到后来忘得越慢。针对上述遗忘规律，我们应该采取以下记忆方法：

①建立多种意义的联系

首先建立词汇的音、形、义的联系。另外使把单词在句子里记，尤其是词义比较抽象的词汇。一个单词放到了句子里就有了上下文，词义就不再是个孤立的、零散的东西，而且句子也可以告诉我们词的用法，避免产生会拼写，但是一用就错的问题。

②提高复习词汇的质量

任何一门学科的学习都需要复习，英语词汇的学习更是如此。然而有的学生平时不愿意背英语单词，喜欢考试前临时抱佛脚。这样突击性地背单词，应付考试有时还很奏效，问题使记得快，忘得也快。还有的学生只是在学习新单词的那一周复习，学到下面一课时，前面的单词就丢在一边不闻不问了，再回头看是已经是期末复习的时候了。

复习的质量取决于很多因素。其中非常重要的因素之一是复习的次数和复习的时间间隔。记忆一停止，遗忘就很快开始。识记后最初的时间内遗忘得快，以后逐渐减慢，到了相当一段时间后，就几乎不再忘记了。

教师应当把记忆单词有效方法介绍给学生，并根据遗忘先快后慢的规律，提醒监督学生进行及时的复习。复习的时间应该先短后长，第一次间隔几小时，第二次间隔一两天，第三次相隔四五天，第四次相隔一个星期，第五次一个月，第六次几个月。总之，第一个星期内复习的频率要最高。后面的两次虽各自较长，但必不可少。

另外把英语词汇分类记忆也会提高记忆质量。例如，可以按中心词连成词汇串。英语中这样的词串称为 "semantic map"。以 crime 为中心的词为例，只要想到关键词 crime，其他的词就轻而易举地连出来了。①

（三）词汇教学的一般方法

词汇能力的发展是语言学习者听、说、读、写等语言技能发展的基础，也是英语课堂教学的重点。英语词汇教学可以按照词汇呈现和词汇巩固两个阶段来展开。

1. 词汇呈现阶段

呈现词汇就是将新词汇以一定的方式引入并展示给学生。多样化的呈现方式有利于调动学习者的积极性，增强学生对新词汇的理解和掌握，加深记忆。英语教师在教目标词汇时要精心设计多样化的呈现模式，展现词汇的意义、内部结构以及在具体语境中的用法。

（1）直观演示法

直观演示法指利用实物、图像、动作表情等方式来展示词汇的意义，给学生以直观的印象。通过形象、声音、动作等方式激活学生对新词汇的感官印象，可以促进学生对词汇的认识和记忆。

（2）口头解释法

口头解释法包含两种技巧：一是将目标词汇翻译成学习者的母语进行释义，二是用英语解释目标词汇。我们先来看翻译法。在各种教学流派的讨论中，母语的使用一直是个广受关注的问题。尤其是在交际理念盛行的今天，教师在课堂上使用翻译的方法时常常会感到惶恐不安，担心阻碍了学生的外语习得。事实上，翻译可以成为释义的有效方法，适当地使用翻译可以节省时间，有效地帮助学生理解低频词的意思（这些词复现率低，学生少有机会巩固）。当然，在使用翻译法时要注意两点：一是要意识到英汉语词汇的文化差异，很多词表面上看起来意思一样，但有着不同的文化内涵；二是要提醒学习者不可过分依赖母语翻译，否则不利于建构外语习得的知识结构。

另外一种口头解释法是指用英语来解释目标词汇。通过分析新词汇的语义

---

① 李晓红. 现代外语教学理论与实践［M］. 长春：吉林文史出版社，2017：246.

成分，用完整的、简短的句子进行表达，以帮助学生理解词义，同时也增加了学生听力理解的机会。

（3）语境展示法

语境是人们在语言交际中为表达特定意义和功能时所依赖的上下文。词汇学习中常常出现词汇意义混淆，词的搭配不当等问题。因此，将词汇以句子、语段的方式展示给学生，在语境中教单词不但可帮助学生准确地理解词义，而且有助于学生恰当地使用所学单词。例如：教 mop 和 lawnmower 时，教师可以将它们放在具体的语境中，学习者凭借语境中的线索就能准确地猜出这两个生词的意义。

2. 词汇巩固阶段

英语词汇量非常庞大，初学的单词若不加以巩固，很容易被渐渐遗忘。教师可采用各种方法来引导学生复习、巩固新学的词汇。

（1）归类法

词汇并非只是一些毫无关系的零散元素的集合，而是一个互相联系的有机整体，因此有必要以一种成体系的方式将词汇教给学生。如此，既能体现词汇的内在系统性，也便于学习者以一种合理的方式内化所学词汇。

（2）叙事法

叙事法借鉴叙事理论和认知科学的研究成果，主张从叙事与认知的角度组织教学，通过营造真实的情境使认知活动生活化或艺术化。以叙事化形式组织词汇教学可以构建较真实的交际情景，使词汇教学情景化、生活化和交际化，能够增强学生对词汇的认知和运用能力。

教师可以把某一单元、某一课、某一段或某几个生词构建一个叙事，也可以把某个词放在一个叙事中，可采取复述、编故事、戏剧表演等形式。复述包括简单复述和复杂复述。简单复述就是要求学生运用所学词汇对一段材料或语篇中的一段进行叙述，这种叙述可以是一个比较短小的故事，最多不超过三个小句。复杂复述就是要求学生运用所学词汇对所学课文或一个较长的故事进行叙述，运用三个以上的小句。教师还可以要求学生运用所学词汇叙述自己的生活经历、社会新闻等。教师还可以让学生运用所学词汇创编故事，如看图描述、组词成段、连锁故事等。看图描述是指教师给出一些图片，要求学生用所学词汇讲述一个故事；组词成段是指教师给出一些重点词汇，让学生发挥想象运用所给词汇合理创编故事。连锁故事是指教师将学生分成几个小组，事先准备好与小组人数相同的单词卡片，分给小组内的每个同学一张卡片，由老师或学生给故事开个头，然后其他学生按次序将故事继续下去，要求使用卡片上所给词汇。这种将词汇叙事化的过程突破了词句本位思想，上升到语篇层面，不仅有助于学生掌握词汇的用法，还有助于学生记忆更多词汇。对于较高水平的学习者，还可以组织访谈、演话剧或小品表演等活动创设真实的交际语境，让学生扮演角色参与其中。

在词汇教学中运用叙事法不仅可以强化学习者对词汇的记忆，深化对词汇的理解和运用，还能培养他们的自主学习能力和创新意识，是值得尝试的一种方法。

（3）词典法

词典是英语学习者必备的工具书。灵活、正确地使用词典能够有效地促进词汇的记忆。教师要针对不同阶段学生的学习特点给予指导，主要包括以下内容：选择与学习水平相适应的词典；指导学生何时查词典：不要一遇到生词就立刻查词典，而应该先结合上下文或构词法猜测词义，然后带着疑问去查词典；指导学生要获取有用信息：不仅获取词汇的意义，还需要从词典的例句中提取、获悉有关词汇的搭配、语法以及语用等信息。[①]

二、高校英语词汇教学存在的问题

（一）教师思想观念的问题

一个行为的实施往往源于一个相对应的观念。要改变一个人的行为，首先要改变他的观念。英语词汇教学要想取得理想的效果就要清除一些错误观念。

1. 对词汇教学的重要性认识不足

教师需要提高对词汇教学重要性的认识及相关理论基础的掌握。词汇是第一语言要素，英语词汇学习是决定整个英语学习成败的关键，英语教学的历史演变和发展趋势已经证明了这一论断的正确性。因此，无论教学法和教学手段怎么变，作为教师都应坚持词汇教学在英语教学中的重要地位。然而，在现实教学中，词汇教学并没有得到应有的重视，许多教师仍没有把词汇教学放在中心位置，不重视探索词汇教学的最佳方式，没有对如何有效地扩大学生的词汇量和提高应用已知词汇的熟练程度进行探索，没有处理好词汇学习中"量"与"质"的关系，这严重地影响了教学的效果。

2. 重"量"不重"质"

在教学过程中，教师应该有目的、有意识地消除学生对词汇学习的错误认识。许多学生认为，只要在考试前死记硬背地突击单词通过考试就算是掌握了应有的词汇量。这种错误的认识对他们的英语学习及英语综合应用能力培养非

---

① 崇斌，田忠山. 新时期大学英语教学研究［M］. 成都：电子科技大学出版社，2017：89.

常不利，而由于我们的教师没有对学生强调词汇的重要性，也没有对学生进行正确的引导，错误的思想观念严重地影响了词汇教学的发展。许多学生只注重词汇"量"的学习，而忽略词汇"质"的学习，这就是学生拥有 3000 多个单词的词汇量却在口语和写作表达时出现词汇贫乏现象的原因。此外，还有学生认为只要会拼写就算掌握了单词。其实这种孤立的单词本身没有任何意义，其意义全部来自并实现于语境中。因此，词汇教学应把目标单词置于语境中来学习和研究。词汇教学的内容应包括由单词组成的句子、段落和篇章，将目标单词与其所在的具体篇章联系起来，了解其所在的篇章的特定意义和用法。

(二) 教学方法上存在的问题

传统的词汇教学方法过多地强调教师的教学过程而忽略了学习的主体——学生的自主学习能力的培养和主观能动性的调动。很多教师对生词的讲解还是以教师讲学生听这种传统的方法进行，这种以教师为中心的教学方法扼杀了学生学习的主观能动性和学习策略的培养。这种词汇教学方法具体表现在以下四个方面。

1. 教师讲解为主

教师孤立地按词汇表讲授单词，以至于学生不会实际运用。在词汇教学的整个过程中，许多英语教师往往不顾课文的内容，从单词发音到词性和词义基本上是以讲授为主，学生费尽心思记住了这些单词，可是到了具体的语境中却不能自如地运用。

2. 脱离文化进行教学

教师的词汇教学脱离了文化，缺少应用。对于词汇的学习，教师只要求学生会读、会写以及会运用单词简单造句。一些教师本身对英语国家的文化缺乏了解，知识面不够广博，或是认为文化知识对学习语言不重要，因此往往一带而过，致使学生不理解词汇的语用意义，不懂得它的文化内涵，也就不能真正理解和运用它。

3. 教学形式单一

教师教学形式单一，往往会导致学生缺乏兴趣。传统的英语词汇教学仍然是"满堂灌"的模式，教师在台上讲，学生在台下被动地接受，师生之间很少有信息上的交流和反馈。教师的词汇教学方法比较单一乏味，学生觉得词汇的学习枯燥无味，对词汇学习难以产生兴趣。

4. 缺乏策略教学

教师常常只教语言知识，不教词汇学习策略。在这种传统的英语词汇教学中，教师很少引导学生去使用一些词汇学习策略，学生往往通过自己的学习经验来获得词汇学习策略，学生词汇学习的效率很低。学习与其他各种职业能力相比时间跨度更长，复杂程度更大，而且大部分学生存在不同程度的学业适应障碍，要使其胜任学习，就必须进行相应的训练。如何使学生"想学""会学"，增强其学业适应性，没有学习策略去引导学生，词汇学习的效率就不能保证。

(三) 学生自身方面存在的问题

在词汇学习过程中，学生自身方面存在的问题主要表现在以下四个方面。

1. 对词汇学习缺乏重视

尽管人们不否认词汇在语言交际中的作用，但学生对词汇在语言学习中所起作用没有足够的认识，许多学生误以为学好英语的关键是学好语法，英语能力差就是因为语法没搞懂。而不少学生语法学得不错，或是熟练地掌握了语音规则，但由于词汇量不足或对词汇的用法掌握不够全面，仍不能很好地理解阅读或听力材料，不能用英语和别人进行顺畅的交流，更谈不上用英语写文章，这就违背了英语学习是为了能够用英语进行交际的最终目标。

2. 过分依赖教师

对于英语词汇学习，教师讲得再多再好，最终需要学生自己去理解和记忆，并化为自己的知识才能牢记不忘，这就是知识与能力的转化。而学生在词汇学习中如果过分倚重老师的讲解，不注重自己的记忆和复习，则会影响他们的词汇学习。

3. 快速遗忘

学生接触词汇甚少，又缺乏基本的词汇学习知识，容易造成遗忘。在课堂上，学生一直被动地听教师讲解，除了记笔记，极少积极参与。而在课下，学生很少有机会再接触这些词汇。所以，所学的词汇零散不成系统，边学边忘。学生也常常抱怨自己记不住单词，或者记住的单词很快就遗忘，即使记住了一些单词也不知道怎样去正确地运用它们。

4. 忽视词汇学习策略

记忆单词需要一定的策略，但是很多学生要么是不懂得学习策略，要么是策略运用得很少。还有些学生全靠死记硬背，以为能记住就可以，不需要什么策略，而事实上，这样记住的单词很快又会被遗忘。①

---

① 李红梅，张鸾，马秋凤. 高校英语词汇教学与习得研究 [M]. 武汉：武汉大学出版社，2016：180.

三、应用语言学视角下的高校英语词汇教学方法

应用语言学为词汇教学提供理论指导，而外语教学是应用语言学理论成长的一片沃土，其实践活动不断为应用语言学理论提供新内容。如果教师能从语言学角度俯视外语教学，把握语言的内在规律，那么，在外语教学中的疑难问题就更容易解决。应用语言学研究的进一步深入必将对我国的外语教学产生积极的促进作用，这也正是我们研究应用语言学的目的。

（一）词汇记忆法

词汇记忆法是传统词汇教学常用的一种教学方法。在词汇教学中，教师可以采用以下几种方法引导学生记忆词汇。

1. 归类记忆法

归类记忆的方式符合人们的记忆习惯和记忆规律，是一种有效的复习手段。因此，教师可以指导学生将单词进行归类以便记忆。归类记忆法可以在不同层面进行。

（1）在英语中，相当多的词都由词根、前缀和后缀构成的。根据这一特点，在词汇教学中，教师可以引导学生利用词根与词缀来对单词进行记忆，使学生的词汇量不断扩大。例如：-en（表示"使有、变得有"）：blacken（变黑，诽谤），broaden（变宽，使扩大），strengthen（加强）；sub-（表示"下、次、分"）：subway（地下铁道），subheading（小标题），submarine（潜艇）。

（2）词汇可以根据其语义、用法、构成、搭配等进行分类组合。例如：

动词短语：get up；log on；run out of。

搭配：widely travelled；rich and famous；set the table。

成语、俗语等：hell for leather；get cold feet；mind your own business。

客套语：See you later；Have a nice day；Yours sincerely。

（3）词汇都有不同的词性，因此教师可以让学生按照同类性质的事物进行归纳、记忆。

2. 导图记忆法

词汇导图顾名思义就是把单词及其相互关系以类似人脑储存知识的结构排列，用直观的手段再现知识结构，外化单词关联的一种单词图式法。[①] 采用词汇导图记忆词汇不仅可以帮助学生快速高效掌握词义，还能帮助学提高思维发散能力，同时能促使学生深化思考层次，让学生养成边思考边记忆的良好习惯。

---

① 胡益军，樊宇鑫. 词汇导图记忆法的应用 [J]. 英语广场，2018（5）.

具体来说，教师可以采用各种导图如联想构图法、对比分析法、漫画图解法等帮助学生记忆。

3. 阅读记忆法

通过死记硬背来学习单词是一件十分枯燥的事情，而且学习效果往往较差。此时，教师可以引导学生通过阅读根据阅读材料中提供的上下文来记忆单词。学生将词语代入各种阅读情境就很容易理解和记忆词汇。

（二）词源分析法

词源分析的教学方式尤为适用于讲解来自典故的英语词汇。英汉语言中的很多词汇都来自典故，所以这些词汇的文化内涵是难以根据字面进行理解，而必须分析来源。不管是中国人还是西方人，在说话、写作时习惯引用传说、历史、文学中的人物、事件，即引用典故。因此，对典故词汇的教学是英语词汇教学不容忽视的方面。

（三）游戏教学法

随着计算机和网络技术的迅速发展并得到广泛应用，网络游戏改变了单一的人机对话方式，随着计算机网络技术发展而迅速发展起来。网络游戏能为学习者提供和创设自然丰富、逼真的学习环境，激发学习者的兴趣，使学习者在愉悦的氛围中不自觉地掌握所学的知识。因此，教师可以利用网络游戏进行词汇教学。

具体来说，教师可以利用词汇教育游戏为学生创设真实、地道的英语词汇学习环境。教师可以向学生提供真实、地道的语音资料，配以原汁原味的英美文化插图、游戏，让学生有种身临其境的感觉，使他们不自觉地将自己置身于英语语言环境中学习英语词汇。此外，学生还可以在玩游戏的过程中体验西方文化，加深对中西方文化差异的理解。

不过，事物都具有两面性，教育游戏也不例外，虽然它可以为学生创造真实的语言环境，但是如果青少年缺乏自身的自我约束力和控制力，其很容易沉溺于网络游戏的虚拟世界中，危害他们的身心健康，从而对正常的学习造成消极影响。因此，在运用游戏软件进行英语词汇教学的过程中，需要辩证地看待游戏的应用。①

---

① 张丽霞. 现代语言学及其分支应用语言学的理论与实践研究［M］. 北京：中国大地出版社，2019：144.

第二节　应用语言学与高校英语语法教学的融合

语法通常被认为是在句子层面对单词的词序给予明确规定的一套规则。语法是对一种语言结构的描述以及像单词、短语这样的单位组合构成句子的方式。句子合乎语法规则才能被接受。比如，英语中有一条语法规则是"主语+动词+宾语"才合乎语法的句子结构。由于破坏了这项规则，"The bit dog man the"这串单词组合就不合语法；而"The dog bit the man"就是合乎语法的，因为它遵循了这规则。(The man bit the dog 这个句子虽然合乎语法规则，但出于其他原因，许多人都会觉得它是不能被接受的。)

语法学家还将语法分为规定性语法（Prescriptive grammar）和描述性语（Descriptive grammar）。规定性语法规定了什么是对的、什么是错的，而描述性语法则描述人们实际使用语言的方式。近年来，语法研究的趋势已从规定性语法转向描述性语法。[①]

一、语法教学概述

（一）英语语法教学的地位

首先，语法是语言三要素之一，是语言学家和修辞学家们通过对现实语言的观察而总结出来的带有规律性的东西，它赋予语言条理性和可理解性，是提高语言水平的基础。所以，越来越多的语法学家以及教师发现，适当的、清晰的语法讲解不仅可以避免错误形式的过早定型，而且可以帮助学生更快、更有效地进行学习。明确教授语法是达到准确、流利的交际能力的捷径。这是因为集中学习过语法并有很多机会在有意义的语境中联系使用所学语法的学习者，更有可能把语法规则牢牢地储存在长期记忆中，而这些牢记的规则则可用于语法正确的流利的语言交际之中，并有助于在交际语言环境中继续习得语言。

其次，学习一种语言必须学会判断其表达形式是否正确，我们并没有使学生在自然环境中学会这种本领的语言环境，这就使得我们必须学会一套判断正误的理论上的规则与标准。这一套规则与标准中的一个重要方面就是语法。仅从这一点上说，语法教学在外语教学中也绝不是可有可无的，而是必不可

---

① 罗伦全，蒋明荣. 彝英双语教学方法与技巧［M］. 成都：西南交通大学出版社，2016：108.

少的。

第三，对中国学生来说，他们是在非英语环境中把英语作为一种外语来学习。他们几乎没有"习得"英语的机会，要学到正确、地道的英语，他们就必须学习掌握其语法。学会其语法，才能举一反三，触类旁通，缩短"中继语言"的过程。因此，学习语法是掌握英语的一条捷径。

第四，英语教学的目的就是要培养学生良好的英语听、说、读、写、译的能力，而语法知识与这五个方面的能力有着极其密切的关系。学生对语法知识的掌握在相当程度上不仅直接影响说、写、翻译等产出能力的提高，而且在阅读、听力中出现具有一定难度的语言结构也势必会影响理解。所以，学生应在对语言具有感性知识的基础上对语言结构有一定的理性知识。我们绝不能因为强调听、说、读、写、译的能力的培养而忽视了语法教学的重要性。我们必须对语法教学进行更加理智的审视，从而确定其在英语教学中的重要地位。

英语教学的对象不同，其教学目的也不同。这种教学目的上的差异决定了语法教学在对不同种类的学生的英语教学中的地位也有所不同。所以，在确定语法教学的地位时必须根据教学目的的不同确定不同的语法教学地位。

（二）语法教学的原则

在英语语法教学中，按照学生认识和掌握语法规则的过程，教师可以采用归纳、演绎、对比和认知四种原则教学语法。

1. 归纳原则

归纳是先让学生接触含有要学习的语法项目的语言材料，然后在教师启发诱导下观察分析这些材料的语法特点，让学生总结出语法规则，再让学生运用总结出的语法规则指导语言实践，即从实践到理论，再用理论指导实践。在语法教学中，采用归纳原则，章兼中总结出来的五步法是适合课堂教学的。

（1）创设情境，在情景中提出包含所学语法项目的例句。

（2）让学生在情景中接触、观察、体会、理解这些例句。

（3）在教师的启发诱导下让学生分析这些例句，总结出语法规则。

（4）教师对学生的总结予以评价和补充。

（5）让学生用师生共同总结出来的语法规则指导做练习，以检查学生掌握该语法项目的情况。

2. 演绎原则

演绎法是传统外语教学法常用来教语法的方法。它是先由教师传授语法规则，然后再在规则指导下举出例句，最后让学生根据规则做练习，即先理论后实践的方法。演绎法教语法有以下五个步骤：

（1）教师简明扼要地讲述语法规则。

（2）教师联系规则举出例子，让学生仔细观察、对比、分析，进一步理解语法规则。

（3）让学生结合例句，根据自己对语法规则的理解讲述规则。

（4）教师对学生的讲述给予评价和补充。

（5）让学生根据规则做练习，以检查学生对语法规则的掌握情况。

3. 对比原则

一般地说，中国学生是在基本上掌握了母语的情况下才开始学习外语的，因此原有的语言知识必然会对新的语言系统地掌握发生影响。这种影响指的是原有的语言知识会发生两种迁移：一种是正迁移，另一种是负迁移。母语与目的语相近的方面发生正迁移的较多。反之，负迁移则是大量的。因此在外语教学中，教师要充分利用对比的方法以加强正迁移作用，减少负迁移作用，以加速外语学习的进程，提高学习效率。实践证明，母语对目的语的学习干扰最大的情况表现在词序方面，然后是词尾的变化。例如："桌上有本书"，初学者很可能说成"Desk have a book"，把"我有五本书"说成"I have five book"。"他努力学习英语"也很容易说成"He hard study English"，这都是受母语词序和词尾无变化的负迁移作用的影响所造成的。这些干扰在缺乏自然语言环境时最为明显。外语语法教学必须注意这一事实，在语法教学和语法教材编写中充分利用对比的方法，使学生对母语和目的语之间的差异产生敏感性。这就要求外语教师要预测学生可能遇到的困难，并设法帮助他们克服这些困难。

语义系统的差异，交际原则、语篇原则之间的差异也应该通过对比加以强调。要使学生意识到，任何两种语言的词汇不可能一一对应。每一种语言都有大量的"文化积淀词"，需要教师从文化上做出解释。交际原则和交际方式上的差异，像表示问候、告别及表达个人愿望、接受、拒绝、感谢时的规则在不同文化中都显示出了不同程度的差异，必须通过话语结构和语用原则的对比加以解决。同样，由于语篇结构更能反映出不同民族的思维习惯，把目的语的语篇结构与学生的母语加以对比是使学生掌握目的语的语篇结构特征的最佳途径之一。

4. 认知原则

从对学生所犯语言错误的分析结果看，引起错误的最大干扰并非来自母语，而是来自学生在学习语言过程中普遍采用的认知手段——类推。这说明学生在学习任何一种语言时都极力自己去发现规则和利用规则，努力使自己掌握的语言知识形成一个系统。当他一旦发现自己总结的规则系统与所学外语的系统有差异时便主动进行调整，使其越来越接近所学的外语系统。因此外语教师必须意识到学生在学习语言时的主观能动性，在教学过程中，在语言材料的安排、语法的选择和讲授方面应考虑到学生认知能力的利用和培养。

此外，在语法教学中，在对语法项目的安排和处理上必须考虑到语言学习的阶段性特点。从教学法的角度考虑，语法项目的安排应有不同侧重。初级阶段应侧重基本词汇和基本句型，中级阶段应侧重复杂的句型和篇章结构，高级阶段应侧重对学生文化敏感度性的培养。在这里值得特别强调一个问题，语法教学必须在丰富、真实和分级的语言材料基础上进行。只有让学生接触大量的真实的语言材料才能真正培养他们的语法意识，从而使他们大脑中的语言习得机制充分发挥作用，使语法学习收到事半功倍的成效。

（三）语法教学在课堂中的实施

英语课堂教学中关于语法的活动主要有：呈现、练习和输出。

1. 语法的呈现

语法的呈现要尽量做到：①清晰；②使人印象深刻；③语言真实自然。语法可以通过课文、对话、教师动作、教师的语言描述等方式或手段。通过呈现使学习者在教师的指导下能够自己找出目的语言点。通过呈现提高学习者的语法意识。增强意识指有意引起学习者对目的语中形式方面的特征注意的行为。具体来说，演绎法和归纳法是呈现语法的两种重要方式。教师在课堂上采用演绎法还是归纳法要考虑几个方面的因素，如学习者的学习风格或学习者的年龄等。而对于高年级学生来说，演绎法是不错的选择。对于分析型的学生来说，可能演绎法比较合适。

2. 语法的练习

语言练习有很多种方法，语法练习主要有以下两种类型——操练（rill）和练习（practice）。操练的目的是培养和提高语言的准确性。准确性指产出语法正确的句子的能力。练习可以区分为有意义的练习和交际性练习。

（1）操练

操练一般具有五个特点：①重复性。即练习的内容需要经过若干次的重复。②相对缺少意义。有意义的练习需要创设语境，花的时间比较多。但操练通常是以单句或单个词或短语为单位进行，缺乏语境，因而缺少意义。③缺乏整体性。操练通常是练习语言结构的某个方面或部分，练习的那一部分跟周围的语言分离。往往学生在操练中能够正确说出或写出所练习的某个语言点，但在真实的交际运用时就说不上来或写不出来。④间接性。操练只是最终语言行为的垫脚石，对最终的语言行为的形成起着间接的作用。⑤控制性。学习者没有选择说什么的自由，练习什么和怎样练习都受到教师的控制。操练包括朗读、句型转换、替换词语、合并句子、连词成句等。总的来说，操练是一种机械性的语言练习方式，可以通过学习者根据语境做出回答的方式使操练带有意义。

（2）练习

真实性练习具有以下五个特征：①非重复性。真正的练习不依靠重复来取得练习的效果。②有意义。真实练习是在语境中进行的，语境能够激发学生参与的动机。③整体性。在真实性练习中，练习的语言是一个整体，而不是分割的片段，语言的练习是放在语境中进行的。在真实性练习中，学习者有机会把所学的东西都整合在一起，在同一时间内在所有的语言层面上得体地正确地表达思想。④直接性。真实性练习练习的是最终的语言行为，即练习在真实或模拟的语境中使用语言。⑤自由性。在真实性练习中，学习者能够根据他们的意愿和能力表达自己的思想、观点。教师并不要求学习者一定要用上某一特定的语言点。

近年来应用语言学的发展给外语教学带来了启示，人们已经意识到把学生从控制性练习所获得的语言能力迁移到自由地使用语言中是相当困难的事情。因此，在课堂教学中开展真实性练习显得很重要。在行为主义盛行的时代，错误被认为是无论如何应该避免的，而认知主义认为错误对学习过程有用，学习者从错误中学习语言。从学习者所犯错误中，教师可以诊断学习者所处的阶段和学习障碍或困难，这有利于教师采取相应的教学策略。二语习得理论认为，学习者的语言学习需要有负面的输入，在课堂中教师对学生错误的反馈就属于负面输入。因此，从这个角度来说，教师可以通过真实性练习给学生提供适当地表达的自由，放松对他们的控制，不要担心他们在练习过程中犯错误。真实性练习给学生提供课堂上冒险的机会，敢于冒险是语言学习的必要条件之一。真实性练习有一定的语境和意义，因而能够触发学生的学习动机。人文主义教学法和交际教学法都很重视意义在教学过程中的价值和体现。真实性练习以培养学生的语言流利性为目的。总之，真实性练习在课堂教学中起着重要的作用，真实性练习要尽早开始。

3. 语法的输出

尽管学习者已经掌握某个新语法点的形式和意义，但在即时交际时未必能自动通达这些相关知识，即在真实的交际中未必能及时自动使用这些知识。因此，在课堂教学中教师会在呈现语法的基础上组织学生进行相关的语法练习，并在最后阶段安排输出活动。为学语法而进行的输出活动指用有意义的、充满吸引力的方式有重点地运用目标句式或语言结构来做事。输出活动以完成任务为载体，以意义和信息的传递为中心，并且在认知方面对学生具有吸引力。例如，在学了定语从句之后，教师可以设置能够运用目标结构的任务让学生来完成向他人介绍来宾的任务。这个任务必须是有意义的、对学生有吸引力的，而不是把两个句子合并成一个带有定语从句的主从复合句的练习。

二、高校英语语法教学的现状

英语语法教学的现状并不佳，还存在许多的问题亟待解决，这些问题主要体现在教师与学生两个方面。

（一）教师教学的现状

1. 对语法不够重视

语法在英语学习过程中所发挥的作用是不言而喻的，但在英语教学过程中，很多教师都忽视了语法的重要性，认为没有必要教授语法，从而"淡化"语法教学，轻视语法的重要性。此外，虽然英语考试中没有直接针对英语语法的题目，但任何句子的分析都离不开语法，尤其是在阅读中，语法贯穿英语考试的始终，在考试中占据着很大的分值。所以，教师应转变教学思想，重视语法教学，并引导学生积极主动地学习语法知识。

2. 教学方式单一，忽视文化教学

学习英语语法本身是一件枯燥的事情，因此大部分学生对语法学习不感兴趣。要改善这种情况就需要教师采用创新性的教学方式，使枯燥的语法学习变得生动有趣。然而，在实际的英语语法教学中，大部分教师仍采用传统的教学方式，即先讲解语法概念和规则，然后做相应的练习。在这样的教学模式中，教师占据着主体地位，学生只能被动地接受，这不仅不符合现代教育的思想，也无法激发学生的积极性，更不能有效培养学生的语法能力。

另外，语法与文化有着密切的联系，但教师没有将语法教学与文化教学结合起来，这样无法使学生明白因文化差异而造成的英汉语法差异，不利于学生深入了解和掌握语法知识。

3. 忽视语言情景

在中国，英语语法教学是在汉语环境下开展的，学生并没有太多机会接触地道的英语情景。但语法学习是服务于实际交际的，其主要目的是应用于实际的生活中解决语言的交际问题。但我国英语教学的一个显著问题就是教师在教学中将具体的语法知识条目的意义和理解和功能运用与语境割裂开来，使学生难以准确理解某个语法知识点适用于哪种语言情景，这样不仅不能使学生有效掌握语法，也会使学生无法有效运用语法。

（二）学生学习的现状

1. 对语法缺乏敏感度

受汉语思维的影响，学生普遍对英语语法缺乏敏感度，这一问题在改错和写作中表现得十分明显。改错在英语考试中是非常常见的题型，但学生普遍惧怕改错题，因为改错题中出现的错误也是他们经常犯的错误，所以他们很难发现题目中的错误。此外，学生在英语写作中常出现语法错误，这也是因缺乏语法敏感度而造成的。

2. 缺乏有效学习方法

学生语法学习效率低，一部分原因就在于没有掌握有效的学习方法，使得语法知识的掌握太零散，不能形成完整的体系。在语法学习过程中，学生往往十分被动，通常是遇到新的语法问题时才会去学习。而且学生在学完一篇文章之后就将文章中的语法知识抛在脑后，这显然是不利于语法知识的掌握的。

三、应用语言学指导下的英语语法教学方法

（一）任务教学法

语法学习的最终目的是帮助学生更好地进行交际，因此语法教学应当融入英语技能教学中，使语法真正为交际服务。对此，教师可以采用任务教学法，这种教学法的特点是以语言形式为中心。具体来说，语言活动主要有以下两种。

（1）具有隐性特点的活动。例如，教师在教授形容词、副词的比较级时可以先向学生提供一个表格，然后让学生根据一些食品和烟酒的价格、味道等进行讨论，并鼓励其进行语言输出。

学生对于问题的回答并没有对错的说法，问题的答案完全取决于学生个人的真实看法。通过这样的方式进行语法教学有利于激发学生的学习兴趣，使学生在思想交流的过程中逐渐将语法规则内化。

（2）具有显性特点的学习任务，任务的内容通常是语法问题。例如，教师可以将分别写有正确与错误句子的两类卡片发给学生，引导他们通过阅读和讨论选出符合语法规则的正确句子，并总结包含该语法点的语法规则。在进行语法任务教学之前，教师应该通过阅读材料或听力内容向学生展示所要学习的语法点，布置学习任务，并要求学生完成运用语法形式的任务。

（二）微课程教学法

微课程语法学习法作为一种新型教学模式，借助移动终端设备，通过利用这些资源获取文字、图片，使师生能随时随地观看视频，从而更好地进行教学活动。具体来说，微课程教学法是指以"云环境"背景为依托，并倡导"导学一体"的一种教学方法，它主要包括三个模块：课前自主学习任务单、配套学习资源、课堂教学方式的创新，其教学模式如图4-1所示。

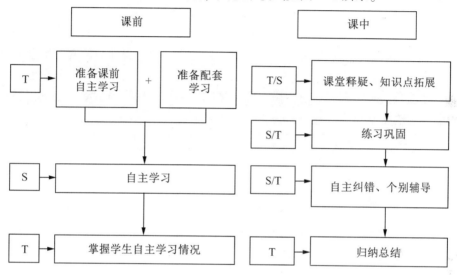

图4-1　微课程教学模式

（三）语感培养法

我们知道，在语法学习中，语感起着非常重要的作用，其有助于学习者正确把握和判断语言。因此，教师在语法教学中要有意识地培养学生的语感，具体可以开展朗读、背诵等活动。此外，教师还要督促学生在课外进行阅读，并随时记录那些优美的句子，最好能背下来。只要坚持下去，学生的语法水平就会逐渐提高。

第五章　应用语言学与高校英语听力教学融合探究

从应用语言学的角度来看，听写是衡量学生综合语言能力的有效手段，听写过程涉及语音、语法、词汇等多种成分，它需要听者运用语篇理解和分析能力，并综合其听和写的技能，是一种积极的、创造性的听力活动。本章主要阐述了应用语言学与高校英语听力教学的融合。

第一节　听力与听力理解

一、听的心理过程

在听、说、读、写四项技能中，听被称为"接受性技能"，但是这并不意味着听就是一个被动的接受过程，实际上听是一个非常主动的、积极的信息处理过程。心理语言学的研究表明，听的过程与人的记忆具有密切的关系。外部信息经过感觉器官时，按输入的原样保持一个极短的时间，这就是感知记忆。感知记忆又被称为映象记忆或瞬时记忆，是指外部刺激以极短的时间一次呈现后，一定数量的信息在感觉通道内被迅速登记并保留一瞬间的记忆。感知记忆是信息加工的第一阶段。短时记忆又称工作记忆，是指信息一次呈现后保持时间在一秒钟之内的记忆。短时记忆与感知记忆不同，感知记忆中的信息不被意识，而且是未被加工的，而短时记忆是操作性的、正在工作的、活动着的记忆。人们短时记忆某事物是为了对该事物进行某种加工，加工后即被遗忘。如果有长期保持的必要就须在这一系统中进行加工编码，然后才能被储存到长时记忆中。短时记忆中的信息既有来自感知记忆的，也有来自长时记忆的。因为当人们需要某些知识、规则时便从长时记忆中提取，提取出的信息只有回溯到短时记忆才能被意识到。研究者从信息加工的观点出发认为倘若人在主观上对材料加以组织、再编码，记忆的容量还可以扩大，提出了组块的概念。所谓组块是指将若干较小的单位联合成熟悉的、较大的单位的信息加工。短时记忆容量不是以信息论中所采用的比特为单位，而是以组块为单位。一个块可以是一个数字、一个字母，也可以是一个单词、词组，还可以是一个短语。

长时记忆是指学习的材料经过复习或复述之后在头脑中长久保持的记忆。长时记忆是一个真正的信息库，记忆的容量似乎是无限的，它可以储存一个人关于世界的一切知识，并为他所有的活动提供必要的知识基础。信息由短时记忆转入长时记忆，需要对有关的信息进行组织加工。所谓组织加工就是将材料加以整合，把新的材料纳入已有的知识结构框架之中或者把材料作为合并单元而组合为某个新的知识框架。信息由短时记忆转入长时记忆时是如何被加工的，采用什么样的形式编码，这在很大程度上依赖于材料本身的性质以及个人的个性特点。就语言材料而言，更多的是采用语义编码。

从系统论的观点来看，感知记忆、短时记忆和长时记忆是一个统一记忆系统中的三个不同的信息加工阶段，它们之间不是彼此孤立的，而是相互影响、相互作用又相互联系的。

根据记忆的三个阶段，听的心理过程也包含三个主要的阶段。在第一阶段，声音通过人的感觉器官进入感知记忆之中，并利用听话者已有的语言知识把这些信息转化为有意义的单位。信息在感知记忆中存储的时间很短，听者只有很少的时间对这些意义单位进行整理。在听母语时，这一过程一般都能顺利完成，而在听外语的过程中，当听者设法将连续的语流组织成有意义的单位时很可能会出现问题。有时听者还可能在处理完现有信息之前，新的信息又会不断地涌入，从而导致听力理解的困难。在第二阶段，信息处理是在短时记忆中完成的，也是一个非常短暂的过程，不超过几秒钟。在这一阶段，听者会把所听到的词或词的组合与储存在长期记忆中的语言知识进行比较，把记忆中的信息进行重组编码后，形成有意义的命题。听者要对连续性的语流进行切分，切分的主要线索是意义。意义体现在句法、语音、语义三个层面上。在获取意义之后，听者一般会忘掉具体的词汇。在这一阶段，处理速度是至关重要的。已有的信息必须在新的信息到来之前处理完成，这对于外语学习者来说，很容易造成处理系统的信息超载，一个初级的外语学习者往往会因为处理速度不够快而无法从信息中获取意义。随着学习者听力训练的不断增加以及语言知识的积累，对于一些经常听到的信息的处理会成为一种自动化的过程，从而留出更多的空间来处理难度较大或者不太熟悉的信息。在第三阶段，听者会把所获取的意义转移到长时记忆之中，并与已知信息相联系，确定命题的意义，当新输入的信息与已知信息相匹配时就产生理解。在这一阶段，当形成的命题与长时记忆中的已知信息相联系时，大脑便通过积极的思维活动去分析、合成、归纳，使其成为连贯的语言材料，从而实现意义的重构。

上述过程只是描述了听的过程中信息处理的大体步骤，而实际的过程要复杂得多，因为听的过程中的信息处理并不单纯依靠语言本身。听者必须把语言置于具体的语境之中才能理解真正的意义。在听母语的过程中，听者会自动激活他们长期以来积累的文化知识、讲话人的背景等相关的信息，而且能够根据以往的经验在一定程度上预测下一步将要听到的内容。他们知道不同类型的人会以不同的方式表达不同的内容，在不同的场合以及讨论不同的问题时使用不同的语言风格。这些知识在上述三个阶段都会起作用。

由此我们可以看出，听的心理过程具有三个主要特点：（1）听是一个积极的过程。在听的过程中，听者并不是被动地接收信息，而是通过积极地参与调动大脑中的已有的语言知识和背景知识进行积极主动的识别、分析和综合，来理解说话者所传达的信息和意图。（2）听是一个创造性的过程。意义并不是现成地存在于语言材料之中的，不同的听话者对于同一个单词或句子可能会有不同的理解。在语言交际过程中，说话者不可能也没有必要把任何细节都表达出来。因此，在听力理解过程中，听话者需要根据语言材料所提供的线索以及自己的社会经历和背景知识创造性地建构意义。（3）听是一个互动的过程。作为语言交际的一个重要方面，听力理解涉及说话者和听话者双方。从某种意义上讲，听力理解是交际双方在相互作用中磋商意义的过程。特别是在面对面的语言交际中，说话者可以通过听话者的面部表情和身势语来判断听话者是否理解自己的意义，并以此来调整自己的语言。同样，听话者可以用语言的或非语言的手段来表明自己是否理解了说话者的意义。

二、影响听力的因素

由上述听的心理过程我们可以看出，影响听力的因素是多方面的，概括起来主要包括几种：语言本身的因素、语言背景知识、分析综合能力和会话含义。

（一）语言本身的因素

语言本身的因素包括语音、词汇、句法等三个方面。听的过程首先是听者对于所听到的语音、词汇、句法的感知、识别与理解的过程，因此，听者对语言基础知识掌握的好坏直接影响着他们听力水平的高低。

首先，扎实的语音知识是听力理解的基础。在英语中，有些语音对于中国学生来说是比较陌生而且是难以区分的，尤其是某些元音。在某些辅音簇中的某个辅音也往往会被省略或同化掉。当然，口语的理解并不完全依赖于对于相似的语音的区分，在许多情况下，上下文的意义可以提供足够的信息帮助听者辨别语音。另外，在英语中，重音和语调也是非常重要的。语言的节奏在很大程度上是通过重读音节的变化来实现的。重读的目的在于表达主要信息的词汇，重读单词的改变往往可以在句子中单词没有任何改变的情况下导致整个句子意义的变化。

（二）语言背景知识

语言背景知识对于听者正确地获取信息也是极为重要的。根据图式理论，听的过程就是听者利用大脑中储存的文化背景知识对新的信息进行加工整理的过程。听者需要对所获得信息进行分析、选择、整理，从而获取新的知识。在听的过程中，听者会根据这一图式以及所听到的内容对先前的预测进行验证并补充其中的部分细节。在所听到的内容中，有许多信息是听者已经掌握的，加工整理的重点在于那些未知的新的信息。新的信息越多，处理的负担越重。也就是说，听者已知的信息越多，听起来的难度就越小。对于一个完全陌生的领域的听力材料，听者的困难是很大的。

（三）分析综合能力

分析综合能力主要体现在听的过程中对语篇的理解方面。对语篇的理解涉及许多因素，在听力理解过程中，随着语篇的展开，听者需要根据语篇上下文并运用积极的认知策略来理解语篇所表达的意义。语篇是由一系列句子构成的，但句子的意义有时要受到语篇宏观结构的制约，对单个句子的理解并不能说明听话者已经理解了整个语篇。

听是一种接受性的语言技能，在听力训练的过程中，听者无法控制所听到的材料的难度、速度、语调和节奏。这些客观因素有可能会对听者造成一定的心理压力。而且，在听力课上，学生的心理活动容易处于一种抑制的状态，学生的思维变得迟钝，不容易发挥学生的主动性和积极性，课堂气氛也比较沉闷。另外，一些学生遇到听不懂的单词和句子就变得过分焦虑，这会降低信息加工的有效性，加大了听力活动的难度。

（四）会话含义

会话含义是语用学研究的重要问题，了解有关的理论知识对于听力教学具有重要意义。在实际的言语交际中，说话者的真实意义有时与所说话的字面意义不一致，会话含义就是指隐含在字面意义之内的说话者的真实意义。

　　会话含义就是我们通常所说的"言外之意"。在交际中，只有正确捕捉这些言外之意才能真正理解说话者的意图。因此，理解会话含义是听力教学的重要组成部分。会话受到一定条件的制约，参与会话的人要朝着一个共同的目标互相配合。会话中需要人们共同遵守的原则称为"合作原则"，其中包括一系列的会话准则：量的准则：说的话应包含需要的信息内容，不多也不少；质的准则：说的话应该是真实的，不要说自己认为是假的话，也不要说缺乏足够证据的话；相关准则：说的话要与话题相关；方式准则：说话要清楚明白，要简练有条理，避免晦涩和歧义。①

三、听力理解阶段

　　听力理解阶段是听说课的主体，是学生运用大脑接受声音符号、进行分析解码的过程，也是利用图式进行预测、验证、推理的过程。在这个过程中，教师要指导学生如何把握听力材料的主要内容，学会抓关键词和关键句，根据文章的篇章结构来预测听力内容的走向，学会记笔记，运用"自上而下"的信息处理方式来帮助加速信息的吸收和同化，以便从整体上来理解文章，越过听力中出现的障碍，教师要指导学生带着问题有针对性地去听材料，将注意力集中在与答题有关的内容上。在一篇听力材料中往往包含着主要信息、次要信息和冗余信息。主要信息是指与题目有关的信息；次要信息是指虽然与问题没有直接关系，但有利于帮助理解文章内容的相关信息；冗余信息是指与答题无关甚至起到干扰作用的信息。在听力理解的过程中，学生没有必要也不可能理解并记住听到的每一句话。

　　教师要训练学生捕捉关键词，抓住语篇中的主要信息，合理利用次要信息，同时还要排除冗余信息的干扰。此外，不同文章有不同的结构特点，一般来说，一篇文章的开头和结尾以及听到次数最多的高频词和句式能够反映文章的主要内容。

　　教师要培养学生在听力过程中养成记笔记的习惯。这是非常必要的一项听力技巧，很多听到的信息如果不记下来，即使当时已经听懂，等到听完整个段落也都忘记了，多数人的短时记忆能力都是有限的，尤其是面对过多的有用的信息时。教师要让学生在听的过程中把听到的相关语言信息记录在本子上，把声音信号转化成文字信号，以方便做题时复习和查阅。在刚开始做笔记时，教师要示范学生记什么、怎么记，并且要检查学生的记录情况，对学生出现的问题给予及时反馈。一般来讲，要记时间、地点、人物、话题或情节；听句子时

---

① 周帆. 高校英语教育教学理论与实践研究［M］. 长春：吉林大学出版社，2017：96.

要记主语、谓语、宾语这类主要句子成分；听到数字要马上记下来，否则很快就会忘记，尤其是一些需要数字进行加减运算的题目，必须要把所有数字都记录下来。

教师要指导学生运用"自上而下"的听力理解模式来越过障碍，从整体上把握文章。多数学生习惯运用"自下而上"的听力理解模式来做听力理解题，过多地关注单词层面，这样在遇到新的词汇或文化背景知识时，由于没有相关的语言或内容图式，就会影响学生的理解。一些理解能力强的学生遇到这种情况会采取"自上而下"的听力理解策略，会通过词组和上下文、背景知识来帮助理解话题，或是暂时忽略不理解的部分，在整个句子听完后，从整体上进行理解。在听力理解过程中，要训练学生使用"自上而下"地处理信息的方式，对听力内容进行联想、猜测以达成理解。在具体运用时，教师可以指导学生通过自己的语言知识、生活常识、语义连贯、听力内容中所涉及的话题、场所、文化背景、上下文情景来激活头脑中相关的图式，揣摩说话人的意图，推理被阻碍中断话语的意思。①

第二节　听力教学的理论依据与原则

一、听力教学的理论依据

（一）输入假设理论

1. 输入假设理论的内容

输入假设理论的内容主要涉及"习得—学得"区分假说、自然顺序假说、监控假说、输入假说、情感过滤假说五个方面。

（1）"习得—学得"区分假说

"习得—学得"区分假说是五大假说中最基本的假说。所谓"习得"是指学习者无意识地、自然地、不自觉地去学习语言的过程。通过"习得"，学习者可以获取语言知识和语言能力。所谓"学得"是指学习者有意识地、正式地、自觉地去学习语言的过程。通过"学得"，学习者可以获得语言规则。

---

① 宋玉萍，林丹卉，陈宏.图式理论指导下的大学英语教学研究［M］.北京：知识产权出版社，2019：164.

（2）自然顺序假说

自然顺序假说是指无论在母语习得过程中，还是在其他语言习得的过程中，儿童都要遵循预定的顺序，有些语法结构的习得较早，有些语法结构的习得较晚。当然，这种预定的顺序与语言教学的顺序并无多大关系，只是一个习得的顺序。

（3）监控假说

监控假说对"习得"与"学得"在二语能力发展中的作用进行区分，前者主要用于语言输出，培养自己的语感，从而在交际中说出流利的语言；后者主要用于语言监控，即监控学习者的语言输出过程，从而检测出在交际中学习者是否运用了准确的语言。一般来说，这种监控可能是在语言输出之前发生的，也可能是在语言输出之后发生的。

（4）输入假说

输入假说是语言监控理论的核心。克拉申指出，学习者要想获得"可理解性输入"，就要求其输入不能过于简单，也不能过于困难。可理解性输入有其自身的公式，即 i+1，其中 i 代表学习者现有的语言能力，1 代表比现有语言能力略高的信息。当学生对略高于现有语言水平的语言规则有一个清楚的了解后，才能够习得第二语言。[①]

（5）情感过滤假说

情感变量会影响第二语言习得，包含学习动机、焦虑感、自尊心、自信心等。可见，情感过滤假说将情感因素纳入第二语言习得的理解中。这些情感因素会造成不同学习者的第二语言习得的差异。[②]

2. 输入假设理论对英语听力教学的意义

（1）与学习者兴趣相关

学生听力水平的提高与大量的听力练习活动有着紧密的关系，所以教师应不断组织学生进行听力练习和实践。然而，良好的英语学习环境是我国英语学习者普遍遇到的一个难题，所以很多学习者听力能力的提高都只能依靠多元化的听力材料来实现。因此，学习者所使用的听力材料对其听力能力的提高具有重要作用。目前，英语听力材料的种类很多，什么样的资料最适合英语学习者使用就成了影响学习者听力能力提高的一个重要问题。

根据交际中所使用语言的特点可以发现，英语听力材料首先应该具有实用性，必须与学习者的生活密切相关，且是学习者喜欢的话题。兴趣是最好的老

---

① 都建颖. 第二语言习得理论入门［M］. 武汉：华中科技大学出版社，2013：80.

② 何超群. 基于英语语音对比的听力教学研究［M］. 北京：煤炭工业出版社，2017：134.

师，学生也只有对所听材料的内容感兴趣才会积极地开展练习活动。另外，材料的内容要避免过于专业化，不但缺乏实用性，而且不利于广大学习者的理解。因此，英语学习者在选择听说学习材料时应该按照自己的兴趣，并针对自己的能力水平合理选择。

（2）题材多样化

人们的社会生活涉及方方面面，学习者的听力学习材料也应该与时俱进，包含衣食住行各个领域。因此，听力学习材料的题材应多样化，使学习者通过资料的学习对自己感兴趣的各方面的知识都能够有所了解，从而达到开阔眼界、增长见识的目的。单一的学习材料容易使学生产生厌烦心理，不利于学习者听力能力的提升。

（3）具有层次性

学习者年龄和背景知识的不同会使他们在选择听力材料时存在一定差异，所以听力学习材料应具有多样化，不仅是体裁和题材的多样化，还要对不同的阶段进行分类，即按照学习者的年龄段进行分类。

不同年龄层的学习者对听力材料的喜好不同。年龄小的学习者主要注重的是材料的外在表现形式，对其内容的要求并不是很高，他们对于一些含有插图或形式比较新颖的学习材料有着浓厚的兴趣，更喜爱一些童话故事类的材料。而年龄大一些的学习者，其对学习材料的要求也会发生变化。所以材料的形式和内容也应该实现多样化，以供不同的学习者选择和使用。

（二）图示理论

1. 图示理论的内涵

图式是个体已有的知识结构，而知识结构是学习和实验在人心里特别是在思维形成过程中的知识结构体系，这个知识结构对个体认识事物发挥着重要作用。在认识过程中，个体只有把新刺激与已有的相关知识体系结合起来才会理解它。随着现代认知心理学的产生和发展，图式理论也不断得到丰富和完善，并被广泛应用于阅读、理解等心理过程的研究。

图式不仅包含知识本身，还包含有关这些知识如何被运用的信息，即图式的启动。在认知过程中，图式的主要作用是用于说明人的理解过程，在理解时需要个体已有的图式中相关知识的加入，通过分析、推理、比较、综合等心理过程，达到解决问题的目的。目前，图式理论正被引入英语阅读、写作、听力及至语言学等学科的研究中，并发挥着非常出色的作用。①

---

① 汪艳萍. 英语阅读教学与写作研究［M］. 北京：世界图书出版公司，2017：27.

2. 图示理论对英语教学的意义

（1）激活已有图式

思维理解的准备阶段就是激活图式。图式的激活就是听者利用输入信息预测该材料可能涉及的内容，并据此从图式框架中提取可能适合的相关背景知识。只有背景知识被激活以后才能被有效利用。因此，英语教师应采取适当策略来激活学生的已有图式。

听力材料通常都是与日常生活相关的内容，学生应该具备这种图式。教师应引导学生有目的地选择和加工图式，培养学生分析、预测的能力。在开展听力活动之前，教师可以引导学生对听力材料的主题进行提问、讨论，并挖掘出与材料有关的词汇和事件，这样才能充分发挥学生的联想和推测能力，并及时激活学生的先存图式。

（2）丰富语言图式

语言知识是开展交际活动的基础。听者只有具备足够的语言知识才能建立起足够的语言图式，并根据上下文线索激活内容图式，从而理解语篇的意义。例如，在学习英语词汇时，学生只有具备足够的词汇才能形成各种图式。另外，词汇学习要根据上下文和背景知识理解词汇的意义，所以没必要理解语篇中每一个单词的意思。学生在听力过程中很可能遇到一些生词，此时学生就可以根据上下文及其他手段猜出大意。因此，教师应选择那些有利于诱发、建立图式的关键词帮助学生提高输入信息的匹配速度。总之，教师要加强语言教学，丰富学生的语言图式。

（3）充实内容图式

中西方文化有着较大差异，学习者对英语文化掌握得越多，理解新材料时就会越发容易，因为图式可以促使我们对概念进行推论，加速理解的过程。

在听力理解过程中，对所听材料的话题熟悉度直接影响着听的效果。鉴于此，教师可以将听前导入、听音训练和口头反馈三者结合起来，设计英语听力教学。在听前导入阶段，教师应为学生提供背景知识，以增加学生对听力材料的熟悉度，加速新旧知识的同化或建立关联。另外，教师还应有意识地选择一些与英语文化有关的材料不断拓宽学生的知识面，完善学生的知识结构。在具备一定语言能力的情况下，学生掌握的背景知识越多，越利于其建立更多的内容图式。[①]

---

① 贾增荣. 大学生听力培养与教学方法研究 [M]. 北京：中国商务出版社，2016：92.

二、听力教学的原则

（一）激发兴趣原则

兴趣对于学习的重要性是不言而喻的，它是听力教学和学习活动得以高效进展的有力保证。一个不争的事实是，我国学生的英语听力水平普遍较低，而这与听力教学枯燥乏味以及学生缺乏学习兴趣有很大关系。所以，在进行听力教学之前，教师首先要了解学生的兴趣所在，即了解学生喜欢什么样的听力材料、喜欢何种听力活动，据此灵活采用教学方法来提高学生的学习兴趣，促使学生积极主动地学习英语听力，进而有效提高学生的听力水平。

（二）循序渐进原则

循序渐进原则是英语听力训练应遵循的基本原则，该原则是指在教学中遵循由简到繁、由易到难的原则。尤其在听力材料的选择上，注意难度的阶梯性，应由简单逐步向复杂过渡，同时兼顾多样性和真实性。在英语听力课堂教学过程中，教师应选择那些吐字清晰、语速较慢的材料。

听力材料要尽量真实，语音、语调不要过度夸张，以免干扰和误导学生。此外，教师还可以选择一些新闻、故事以及一些社会热点话题等作为听力的材料，以激发学生的学习欲望和积极性。随着教学的不断深入，教师可以逐步增加材料的难度，以不断提高学生的听力能力和满足学生的听力欲望。

（三）选材真实原则

英语听力教学的最终目的不是让学生应付考试，而是培养学生的实践应用能力，使学生能够运用英语进行跨文化交际，所以教师所选的英语听力材料一定要真实和实用，因为只有听力材料真实，才能保证学生的交际真实。例如，教师可以选取一段完整的广播节目或者选取一段英语电影片段等让学生听，这种真实的听力材料能让学生接触和感受地道的英语表达，领悟英语语言与文化特点，培养学生的英语语感，进而提高其英语听力水平。

（四）分散训练和集中训练相结合原则

分散训练是指通过各种语言教学，即词汇教学、语法教学等，让学生不自觉地接受听力的专项训练。例如，在词汇教学中，学生应了解词汇的读音，掌握词汇的含义及用法，并能听懂词汇在具体应用中的句子。这种听力训练要求在具体教学中尽量多地使用地道的英语，这样可以使学生的听力得到潜移默化的训练。集中训练是在分散训练的基础上每周专门抽出 1~2 课时进行大量的、有指导的强化训练，以帮助学生解决具体问题。集中训练可以有针对性地抽取听力难点进行训练，能有效减少学生在这些方面理解的偏差。这种分散训练和集中训练相结合的方式能有效提高学生的听力能力。

(五) 分析性和综合性相结合原则

分析性的听是指在听力进行时使学生将注意力集中在对材料中的细节部分的理解和记忆上，在听的过程中注重细节分析，逐词逐句地将所听到的内容进行分析，这是听力教学的基础训练。而综合性的听是指在听的过程中将重点放在材料整体的把握上，也就是在听力基本训练基础上所进行的整体的听的练习。综合性的听主要是对材料内容有个整体印象和理解，这种方法主要针对的是听力题中对材料主旨的理解，对整体思想的分析等。在听力训练中，听力题既包括材料的整体理解，又包括细节分析，所以在听力教学中教师应将分析性的听与综合性的听相结合起来进行教学，以有效提高学生的听力水平。

(六) 与说、读、写相结合原则

英语中的每一项技能都不是孤立存在的，它们之间是相互联系、相互依存、相互促进的。因此，在具体的大学英语听力教学中教师应做到以下几点。

第一，应做到视听结合。视听结合即教师除了让学生在课堂上听自己和同学讲英语、听英语外，还应鼓励学生在课外看一些英语短时节目或在电脑上看一些英语视频等，在课内教师要充分利用多媒体给学生看一些音像视频材料等，使听觉与视觉一起参与听力理解活动，以减少影响听速的心译活动和增强学生的理解能力。

第二，应做到听说结合。听和说作为交际的两个方面是不可分割的。听力练习的过程也是口语熟悉的过程，只有听懂了才能用语言表达出来，而口语训练的过程也是听力锻炼的过程，会说了才能顺利地听懂。所以，教师应充分利用课内和课外的各种机会，促进听和说的互动。

第三，应做到听读结合。听读结合不仅能增强学生的语感，还有助于单词音、形、义三者统一起来，能有效地减少判断误差的发生，对于听力的培养有积极显著的促进作用。在教学过程中，让学生边听边读不仅可以培养学生的语感，让学生学习纯正的语音、语调，还能有效地纠正学生的错误发音。此外，经常采用边听边读的方式还能加深学生对文章的理解，提高对语言的反应速度，不再习惯性地采用汉语的思维来理解英语。

第四，应做到听写结合。听写练习是听与写结合的最佳形式，听写练习要求学生高度集中注意力，并在有限的时间内将所听到的内容以最快的速度写下来，这对于培养学生对语言的敏感性起到很好的作用。所以，教师应重点培养学生的听写能力，因为只有听写结合，英语水平才能真正提高。[①]

第三节　听力教学的基本方法与策略

一、听力教学的基本方法

（一）任务型教学法

任务型教学法的关键词是任务，即通过让学生完成听力任务来锻炼其听力能力，同时完成教学目标。在任务型教学法中，任务的真实性尤为重要，只有保证任务的真实性，才能切实有效培养学生对听力学习策略的应用能力。一般来说，听力过程中的任务主要包括如下几种，分别是列举型、排序和分类型、比较型、问题解决型、分享个人经验型、创造型任务。下面具体介绍任务型听力教学法的实施步骤。

1. 听前阶段

听前阶段主要是准备阶段，即教师通过各种方法，如预测、头脑风暴法、发现活动等方法帮助学生确立听力目标、激活背景知识，并让学生对相应的语言形式功能进行训练，帮助学生建立新图式或激活学生头脑中已有的图式，以更好地理解听力材料。

2. 听中阶段

听力过程需要学生集中注意力认真听听力资料，以便灵活处理各种语言信息，可以说是任务型听力教学过程中的关键阶段。同时，听力阶段是教师最难以控制的阶段。在此阶段，为了保证学生顺利完成听力任务，教师可以组织学生进行形式多样的活动，帮助学生学会使用听力技巧、听力策略，训练学生的信息理解和听力技能运用能力，以更好地理解和记忆材料内容。

3. 听后阶段

听后阶段的主要目的在于巩固所学知识，此阶段重点在于测试学生对听力

材料的理解，而非考查学生的记忆。因此，在这个阶段，学生应该根据教师提出的各种任务，如听后说、听后写、听后填表等，通过完成多项选择题、回答问题、做笔记并填充所缺失的信息、听写等方式评估听力效果，达到巩固听力信息和技能的目的，同时，为日后的英语学习奠定基础。

（二）体裁教学法

近年来，越来越多的教师和学者开始关注体裁教学法，并将其应用到大学英语听力教学中。具体来说，体裁教学法在大学英语听力教学中的运用主要分为三个步骤：体裁分析、小组讨论和独立分析。

1. 体裁分析

采用体裁教学法开展听力教学，首先要对听力材料进行体裁分析，包括语言方面的分析和文化方面的分析。其中，语言方面的分析包括分析体裁的图式结构，目的是让学生对某类文章的特点及开展方式有所了解。文化方面的分析是指对听力材料的文化背景知识进行分析，包括听力材料的社会历史、风俗习惯等背景知识，让学生对背景知识及文化差异有所了解。

2. 小组讨论

在这一环节中，教师将学生分为若干个小组，并播放同一体裁的听力材料，让学生与本组成员就材料的语言特点、结构等进行讨论。让学生进行小组讨论一方面可以调动学生的参与性，激发学生的兴趣；另一方面可以促使学生积极思考，加深学生的印象。

3. 独立分析

在小组讨论之后，学生对语篇体裁有了一个大致的了解，此时教师就可以安排学生进行独立的分析活动，即为学生播放某一体裁的典型范文，让学生利用体裁分析的方法对这一范文进行分析。独立分析活动确立了学生的主体地位，打破了教师垄断课堂的局面，在这一活动中学生可以自主、独立地学习和思考。

（三）网络多媒体教学法

随着现代化科技的飞速发展，网络多媒体开始广泛应用于大学英语教学中。在大学英语听力教学中，教师可以充分利用网络多媒体技术来提高学生的听力水平。

1. 建构听力学习环境

教师可以利用网络多媒体为学生建构听力学习环境，进而引导学生更加有效地进行听力学习。具体而言，教师可以从以下几点入手。

（1）通过网络多媒体查找更多的听力资源，丰富听力教学，并激发学生的学习兴趣。

（2）借助网络多媒体为学生创建真实的英语语境，使学生的听变得更加真实。

（3）通过网络选用真实、地道的听力材料，这样不仅能使学生接触地道的英语材料，感受纯正的英语表达，也可以增强学生的认同感。

（4）设计真实的课堂活动，通过小组合作的方式减少学生对教师的依赖，使学生在合作交流的过程中增强学习的主动性。

（5）为学生提供合作互动、沟通交流的机会，使学生在参与中逐渐掌握学习的方法，激发他们学习英语的兴趣。

2. 培养学生的听力自主决策能力

教师还可以利用网络多媒体技术来培养学生的自主决策能力，具体包含以下两点：

（1）学习信息技术知识。在网络多媒体环境下学习英语知识，学生必须掌握现代化信息技术的操作技能，这样才能通过现代化信息技术与教师和同学交流，从而完成学习任务。

（2）掌握收集、整理和利用信息的能力。在网络多媒体环境中，学生要根据教师布置的任务利用现代化信息技术自行收集，整理和利用信息就需要学生具备这方面的能力。此外，借助现代化信息技术，学生可以对自己的学习效果进行评价，这也培养了学生的自我评价能力。

（四）文化教学法

语言深受文化的影响，听力也是如此，所以，在大学英语听力教学中，教师有必要向学生传授一些文化知识，在培养学生文化意识的同时提高学生的听力能力。具体而言，教师可采用以下几种方法来进行文化教学。

1. 通过词汇导入

词汇是语言的基本要素，也是听力的基础，很多英语词汇都蕴含着丰富的文化信息，所以，通过词汇导入文化知识不仅能培养学生的文化意识，还能有效提高他们的词汇量，为听力的教学打下基础。例如，"龙"是中华民族的象征，代表着吉祥，备受中国人的喜爱。西方国家的 dragon 则是罪恶的代表，并不受人们的欢迎。很明显，虽然"龙"与 dragon 字面意思相同，但内涵意义相差甚远。所以，学生听力水平的提高首先要从词汇抓起，据此教师可以通过词汇向学生传授文化知识，进而提高学生的听力能力。

2. 通过习语导入

习语是语言的精华，其作为语言的重要组成部分在人们的生活中发挥着重要的作用。习语经常会出现在西方人的日常交际中，如果学生不了解习语的文化含义将很难理解话语的意思。例如，"I'd like Scotch on the rocks"，如果不了解其内涵，学生很容易按字面意思将其理解为"我喜欢在岩石上的苏格兰人"。实际上，on the rocks 是一个成语，其含义是"触到暗礁，有灾祸"，其引申义为"穷困、破产"。可见，教师在听力教学中很有必要向学生传授一些习语文化，从而培养学生的听力理解能力。

3. 通过习俗导入

话语交际的涉及面非常广，所以，在培养学生听力能力的过程中，除了需要学生掌握基本的语言知识、交际功能、习语文化，还需要学生了解一些基本的习俗文化，如打招呼、称呼、感谢、赞扬、谦虚等，了解并掌握这些内容对听力能力的提高具有重要的作用。在具体的教学过程中，教师可以设计情境对话或者让学生进行角色扮演，以使学生真正置身于英语环境中，让他们感受英汉文化之间的差异，听取地道的英语表达，进而提高他们的英语听力能力。

4. 通过网络多媒体导入

网络多媒体在教学中的作用是非常明显的，所以，教师可以利用网络多媒体来向学生输入英语文化知识。具体而言，教师可以利用多媒体设备向学生展示文化知识，并引导学生开展广泛的听力活动。教师还可以引导学生通过网络寻找更多的听力资源，并促使学生不断练习，在培养学生自主学习能力的同时提高学生的听力能力。

(五) 课外活动法

课堂教学时间十分有限，因而课外活动是课堂教学的有效补充。对于英语听力教学而言，教师可以结合学生自身特点鼓励学生参加一些不同类型的课外活动。

课外听力练习活动既有利于提高学生的听力水平，在主动地搜集、整理资料的过程中又有利于提高学生的学习能力。此外，由于课外听力练习活动要求学生互相合作，对锻炼学生的组织能力与沟通交际能力也十分有利，同时练习活动还给学生提供了施展才华的机会，有利于培养并提高学生的创新能力。课外活动的形式丰富多样，这里选取广播电台与电影配音两种形式的活动进行介绍。

1. 英语广播电台活动

英语电台在内容上不受限制，时间上较为便利，通过每天在固定时间播放英语节目可以增加学生的听力练习时间，弥补学生课堂听力时间不足的现状。在课外，教师可以组织开展英语广播电台活动，需要注意以下几个方面问题。

（1）安排好播音时段与内容

学生学习英语的时间有限，因而教师需要认真考虑、选择英语广播播放的时段与内容，合理安排外语电台的节目、学院自己开办的栏目以及课外听力材料与考试辅导类节目。

（2）安排好节目播放模式

在制作听力节目时，教师应注意把握听力材料的速度，根据不同年级、不同层次的学生设计英语广播节目，提高听力训练的针对性，教师还可以在节目单上注明所需要的听力材料，使学生提前预习，提高听力的效果。

（3）结合第二课堂办电台

与日常生活中的节目不同，学校英语广播电台的目的不仅仅是丰富学生的娱乐生活，更重要的是培养学生的英语学习兴趣，培养学生的语感，逐渐提高学生的听力能力。因此，教师应对所播放的英语节目要求学生进行反馈。为了激发学生听节目的兴趣，教师可以结合一些竞赛或沙龙活动来开展电台活动。

英语广播电台将英语广播与学生的实际情况相结合，营造了良好的英语氛围，激发了学生的英语学习兴趣，有利于学生学习英美文化知识，提升听力理解能力，是听力课堂教学的重要补充。

2. 英语电影配音活动

一般而言，英语电影中的台词具有戏剧性与灵动性，贴近实际生活，更贴近口语。就听力练习而言，教师可以组织学生进行电影配音活动，这样的任务既有输入，也有输出。

具体而言，在为英语电影配音的活动中，教师让学生自由组队，一般是2~3人一组，截取某一部电影的某一片段，并通过软件加以编辑使英文字幕保留下来，之后分角色配音。要想提高这一练习活动的效果，学生首先应看懂电影，了解角色，在此基础上对所要进行配音的片段进行反复观看、仔细聆听，记好台词，尤其应注意一些特殊的语音现象，如连读、弱读、重读等，然后模仿训练。成功的配音除了要做到语音匹配外还要使情绪、情感、音量等做到恰如其分。

英语电影配音既有利于提高学生的听力能力与口语能力，有利于培养学生的团队协作意识与合作精神，是英语听力课外活动的一种有效形式。①

---

①　刘爱华. 英语听力教学及测试研究［M］. 北京：中国商务出版社，2018：37.

二、听力教学的策略

(一) 元认知策略

元认知策略主要涉及语言学习者为促进某一学习活动的顺利完成而采取的计划、监控和评估等行动。元认知策略主要包括计划、集中注意力、监控及评估等策略。

1. 计划策略

每个学生应根据自身的情况制订短期目标，如语音差的学生可以先从听音、辨音、弄懂单词发音开始。每周听辨几个容易混淆的音素、单词，逐渐掌握连读、失去爆破、弱读等语音技巧；对于听力好的学生可以每周听写 2~3 条 VOA 慢速新闻。一旦计划确定，每个学生必须按计划切切实实地实施，每两周交一次新闻听写作业，教师进行批改。

2. 集中注意力策略

集中注意力是听力理解中很重要的策略，其包括两方面：一是集中全部注意力去听，二是有选择地注意某些信息。在听的过程中学生一旦发现自己注意力不集中，停下来思考或纠缠于某个单词时，一定要及时调整注意力，跟上说话者的思路。不仅要集中注意力，还要有选择地集中注意力，教师应培养学生选择主要信息、分清主次的能力。例如，听有关灾难事故的新闻时，教师有必要列出特别需要注意的信息，如灾难事故发生的时间、地点、原因、伤亡人数及救援状况等，要求学生在听音的时候要特别注意这些信息。而在听长篇文章时，教师应指导学生把注意力集中在说话者的思路上，从整体上把握大意，而不要把注意力放在听懂所有的单词上。

3. 监控策略与评估策略

监控策略是指学习活动进行过程中依据学习的目标对学习计划中的学习进程、学习方法、效果、计划执行情况等方面进行有意识的监控，例如，监控自己是否领会了学习内容，自己采用的学习策略是否适当，自己的注意力是否集中等。自我评估策略是指学习者回顾自己的学习，如在完成某项语言任务时做得怎样。自我评估一方面可以检查自己是否听懂了材料或听懂了多少，另一方面可以评估自己的听力水平经过一段时间的训练是否有所进步。

(二) 认知策略

认知策略与具体的语言学习任务直接相关。它对语言学习的效果是直接的、具体的，可操作性较强，在听力教学中对学生的作用也很明显。结合听力理解的特征，听力学习中的认知策略可概括为预测、联想发挥、利用关键词句、利用语法知识、做笔记、推理等。

1. 预测

学生在听力训练或测试中善于运用已知信息材料的题材、语言及内容进行预测会大大提高听的效率。因为听力过程并非像录音机那样被动地接受有声材料，而是不自觉地对听到的信息进行积极的预测、筛选、释义和总结等一系列的心理加工，尤其是在听者外语听力的理解水平达到中级以上之后情况更是如此。这一技巧在听力材料只放一遍的考试中更显得十分重要。

2. 联想发挥

联系已有的先验知识（包括文化背景、生活常识等）的相关信息来理解听力材料。

3. 关键词句

关键词一般指最能反映场所、环境以及特征方面的词。在听对话时，只要抓住其中一个词就能判断出主要内容（如 cash/account 与 bank 有关）。关键词有时也指带有否定意义的副词、形容词、代词、转折词、连词及某些词组等。重点句在语篇中通常指主题句或能体现重点信息的句子。

4. 运用语法知识

通过运用语法知识（如虚拟语气、定语从句）辨别语篇标记词或分析长句的结构来帮助理解。

5. 记笔记

记笔记需要知道记什么和怎么记。学生是边听边记关键词和重要信息，还是听懂一段话以后概括其主要意思并记录下来，或者画图，或者列提纲等，这些要依内容来决定。例如，听音时用树状图概括一个段落的中心思想，用流线图解释复杂的工艺流程都是应用认知策略来解决听力问题的常见例子。这些技巧有利于生成新的意义并减轻短时记忆的负担，从而可以促使学生更加集中精力来理解新的听力材料。

6. 推理

借助背景声音、说话者的语气语调、说话者的态度等非语言信息来判定谈话发生的地点和说话者之间的关系等；还可以运用从听力材料中获得的已知信息来对结果做出推论；在做听写练习或单词填空题时，学生可以借助听懂的内容或题目中给出的部分进行推断。

（三）社会/情感策略

社会/情感策略是语言学习者为促进某一学习任务的完成而跟别人进行交

流，或自己控制情绪、消除不安或疑虑等策略。

1. 社会策略

听力学习中的社会策略主要体现在对疑难问题的解释、澄清，与他人的交流合作。其中与他人的交流合作主要表现在对他人学习经验的反应以及在学习过程中学习方法的交流。这和元认知策略中的评估策略有一定的相似之处。但评估策略更多强调对自身学习过程的评价和衡量，而社会策略则更多地涉及与他人的合作、向他人学习并获得帮助的过程。

2. 情感策略

听力学习中的情感策略则强调听者在听力过程中控制自己的焦虑情绪，调整心理状态，达到最佳的听力效果。如果学生学习的情感过滤程度低，不是在焦虑的状态下学习，语言习得的能力就容易提高。相反，如果学生心情紧张、信心差、焦虑感多的话就会经常处于一种越听不懂越灰心丧气，从而越不敢听或不想听的状态。因此，学生要充分意识到情感策略，即控制自己情绪的策略对自己听力学习的重要影响，学会调整自己的状态，充满信心地投入学习过程中。此外，教师也应尽量帮助学生减轻心理负担和心理压力，消除焦虑，使学生发挥应有水平，达到好的听力理解效果。

我们一直很重视探讨语言教师如何传授知识，但作为语言学习的主体，学生的学习过程、学生如何内化语言也是我们语言教师所要关注的东西。因为语言学习过程不仅是语言知识和语用知识综合的过程，也是学习策略的操作过程。学习策略是影响学生成绩的一个变量，它和学生成绩的提高起着相关作用。教师在听力教学中指导学生运用认知策略、元认知策略和社会/情感策略，可以使学生更加积极主动，更加有效地进行听力训练，最终达到提高听力学习成绩的目的。①

第四节　基于应用语言学的英语听力教学方法新探

一、基于应用语言学的英语听力互动教学法

（一）互动教学法的概念与优势

根据应用语言学中的动态理论，教师可以采用互动教学法展开听力教学。

---

① 宫玉娟. 大学英语教学模式改革创新研究 [M]. 长春：吉林出版集团股份有限公司，2018：113.

具体来说，互动教学法是指教师在听力教学实践过程中，针对听的内容与学生展开各种交流与探讨。对学生来说，在听的过程中，不仅需要接收并解码所听的信息，还要在此基础上做出一定的反应。

采用互动教学法进行听力教学具有明显的优势。互动教学可以充分激发出学生的兴趣和积极性，提高学生对英语听力内容的理解和接受能力，同时能让学生通过听力活动养成积极思考的习惯。此外，由于听源的不同，互动教学可分为听人说话时的互动以及听录音时的互动。

（二）互动教学法的实施

在听力教学的很多环节都可以用到互动教学法。

例如，在听录音时，教师可以采用互动教学法其具体可以分为以下步骤。

（1）学生听录音的同时，教师将听力材料合理分为若干部分。

（2）学生听完一部分材料后，教师就可以通过提问与学生进行互动，了解学生听的效果。

（3）听完全部录音材料后，教师与学生共同总结，解决遗留的问题。

二、基于应用语言学的英语听力综合教学法

所谓综合教学法，简单来说就是将听力与读、写、说等技能有机结合起来进行教学。因为英语教学的各项技能中，任何一种能力的提高都能带动其他能力的提高；反之，任何一种能力的缺乏都会影响其他能力的掌握和运用。因此，听力教学要与说、读、写教学结合起来进行综合教学，这样不仅可以带动其他技能的发展，而且可以创造真实的语言环境，有利于培养学生的交际能力，达到事半功倍的效果。下面就介绍听力与其他技能的具体结合。

（一）听说结合

尽管听力教学的重点在于听，但根据所听内容增加说的训练有助于学生巩固听到的内容，并增进理解。这主要是由于听是语言获得的必经过程，我们只有听到了、听懂了才能做出相应的反应。如果连听都听不懂，也就谈不上给出反馈。因此，听力练习的过程实际上也是熟悉口语的过程，而口语训练的过程也就是听力锻炼的过程，二者相互促进。在英语口语中，不同的语调表达不同的感情，教师必须注意这一点，鼓励学生用口语表达自己的思想感情，使学生在说的过程中揣摩不同语调的内涵。需要指出的是，在听力教学中，听说结合看起来是有听有说，但是毕竟还是要以听力教学为主，教师应该做到有轻有重、主次分明，通过口语有效带动学生听力水平的提升。

（二）视听结合

多媒体教学已经成为英语听力教学的有效工具之一，这主要得益于科学技术手段的不断更新。对此，教师也要做到与时俱进，充分利用先进的教学手段服务于英语教学，特别是听力教学。在传统听力教学中，教师更多的是通过把磁带录音播放给学生听，并与学生开展互动。在多媒体技术迅速发展的当下，教师可以充分利用互联网，并让学生多看一些音像视频材料。此外，教师还可以鼓励学生在课外多看英语电视节目、计算机学习光盘以及网上视频英语等，使学生通过视听结合的方式更为有效地习得语言技能。

（三）听读结合

从表面看，读与听似乎没有什么密切关联，实际上，将阅读与听力巧妙结合对学生的听力学习大有裨益。长期坚持边听边读不仅可以加深对文本的理解，而且可以提高学生对语言的反应速度。听读可以二者同时进行，也可以先读后听、先听后读，还可以听读交替进行。在听力教学过程中，教师要注意读对听的有效影响，引导学生将听读结合起来。

三、基于应用语言学的英语听力微技能教学法

对学生来说，无论是在应试中，还是在平日训练中，掌握一些行之有效的听力微技能方法都很有益处。因此，在听力教学过程中，教师要注意向学生传授一些听力微技能，并引导学生灵活使用。大体来说，这些技能主要涉及以下几种。

（一）猜测词义

猜测词义是听力微技能教学的重要方式。在听力实践过程中，听者很难完全听明白材料的每一个词，此时学生就可以通过上下文等进行词义猜测，从而更加顺畅地理解材料内容。在听力实践过程中，切勿一有生词就打断思路，应该从整体听力活动入手，综合使用词义猜测技巧，保证听力活动的进行。

（二）听前预览

听前预览就是在做每一个小题之前先把每个小题的选项通读一遍。通过听前预览不仅可以预测要听到的句子、对话或短文的内容，还可以提前掌握一些数字、人名、地点之类的特别信息，尤其是听力中的一些人名。

如果不进行预览，一旦题中提到两个或两个以上相似的信息，就很容易对听者产生干扰，进而影响正确答案的选择。由此可见，在做听力测试前进行听前预览对于有效地完成听力很有帮助，因此教师在授课过程中要教授学生听前预览的技巧，以提高学生的听力能力。

（三）注意所提问题

在选择正确答案之前，首先要听懂所提问题，如果没有弄清楚所提问题，学生即便听懂了内容也不可能选出正确答案，所以弄清楚所提问题在听力训练中是非常关键的。

（四）留心关键字

对学生来说，要想完全听懂一段听力材料是不可能的，而且也是没有必要的。进一步来说，没有听懂并不等于不能答题，学生有时候只听懂了其中的一部分，仍能答对问题，其中关键词的把握十分重要。因为有些题目主要就是听关键词，抓住了关键词问题也就迎刃而解。所以，教师在听力教学过程中要注意培养学生抓关键词的能力。

第六章　应用语言学与高校英语口语教学融合探究

在应用语言学的指导下，大学英语教师应该积极引导学生分析大学英语口语知识，进而使得学生在不同的英语学习情境中掌握英语口语交际技巧，培养学生的口语表达能力。同时，大学英语教师应该仔细分析当前英语口语教学过程中出现的问题，进而及时针对问题了解学生的口语学习情况，为学生提供有效的学习辅导。

第一节　口语与口语交际

口语交际指人们运用连贯标准的有声语言和无声语言交流思想、传递信息、表情达意的社会活动。了解口语、口语交际及其特点有助于对口语交际本质的认识，也有助于教师依据口语交际的特点去进行口语交际的教学。

一、口语

（一）口语的含义

口语即口头语言，是人类语言的基本形式，包括言语、语音、语调、语态、语气和节奏等。从语言发生的角度看，语言始于口语，口语是语言的最初形式，人们在日常生活中使用口语进行思想和情感的交流，同时在交流的过程中根据需要选择不同的语气，运用不同的语调，再辅以合适的语态和节奏，以表达自己丰富的情感和深刻的思想。与其他形式相比，高低的语音、多样的语调、变化的语气和丰富的节奏使得口语成为人类语言中表现力最丰富的一种语言形式。

（二）口语的特征

口语的最大特征是它的"直接性"和"整体性"。直接性指发话者和听话者同处于一个时空结构中，面对面地进行你来我往的交流；整体性指人们在使用口语的过程中会调动视觉、听觉、触觉、味觉、嗅觉和心智等所有感觉、感受器官同时发挥作用。作为说者，通过不同的言语，利用节奏的快慢、语调的变化、语音的高低等表达自己的观点、看法、情感、情绪，甚至是欲望和意志；而作为听者，从发话者的整体表现中，从语言的全部因素中感觉、感受和理解发话者的语言。在同一时空结构的整体氛围和环境条件中，听说双方进行直面的交流，传递彼此的情感和想法。

二、口语交际

（一）口语交际的概念

口语交际指人们运用连贯标准的有声语言和无声语言交流思想、传递信息、表情达意的社会活动。有声语言即口语，包括言语、语音、语调、语态、语气和节奏。运用有声语言进行交际通常被称为言语交际，言语交际是口语交际的主体，没有它，口语交际也就不复存在。在口语交际中，人们主要运用口头语言富于表现力的语音、语调、语态、语气和节奏来表达自己的愿望、观点和看法，还有情绪和情感。

口语交际中的无声语言交际被称为非言语交际，它是言语交际的补充。无声语言有体态语言、服饰语言和距离语言等几种形式。体态语言指人际沟通中的眼神、手势、面部表情等，它可以增强语言表达的效果；服饰语言包括衣着、饰品等，它反映了一个人的地位、职业、身份和情趣等多方面的意义；距离语言则指交际时人们所相隔的空间距离，它反映了人的礼仪、修养、情感等。非言语交际的这些形式虽然很少独立担当起沟通的功能，但在交际中却起着重要的作用，因为考虑到表达对听者的效果，说者会自然而然地借助于非言语交际向听者表述自己的意思、情感等，因而，非言语交际是口语交际的有机组成部分。

一个完整和成功的口语交际是言语交际与非言语交际的有效结合，没有非言语交际的辅助和加强作用，言语交际不可能生动而简约，而非言语交际也不可离开言语交际独立存在。①

---

① 刘淼. 当代语文教育学 [M]. 北京：高等教育出版社，2005：226.

（二）口语交际的特征

1. 目的性

不同的交际目的制约着人们不同的交际行为，人们总是选用得体的话语来实现某一特定的目的。在一定目的的支配下，人们才会产生言语交际的欲望和动机，从而进一步发展为口语交际的具体行为。

2. 直面性

口语交际是双方面对面交流信息的言语活动。信息主体需要对方对发出的信息当面做出反应，根据信息客体的信息反馈，信息主体再不断调整传输信息方式和内容。

3. 情境性

口语交际需要在一定的环境中面对一定的对象进行，交际主体自身也有着特定的角色身份，这是口语交际的情境性。

4. 随机性

口语交际的随机性主要指交际的时间、地点、场合、对象和交际内容的不确定性。口语交际的随机性决定了言语交际者要必须具有敏捷的思维能力和应变能力。

（三）口语交际的原则

1. 相关原则

在口语交际过程中，交际双方总是有说有听、有问有答地形成一个个交际回合，因此交际双方必须互相合作、配合默契。说话的内容不仅要与交际目的相关，而且对别人提出的问题不能避而不答或答非所问。

2. 可靠原则

谈话人双方都希望从对方的话语里获得真实而准确可靠的信息，"诚之所至，金石为开"，只有真诚可靠的语言才能建立起有效的交际活动。

3. 礼貌原则

说话态度谦虚、有礼貌，又具有一定的审美价值，就可以使话语更加富有力量。日常生活中多用礼貌语表达情感可以对交际产生良好的帮助。

4. 环境原则

口语交际作为一种社会活动必然是在一定的社会环境中进行的。交际的双方处在这样的特定环境之中，就必然受这一环境的制约。因此在口语交际时，必须注意社会环境（民族、地域、文化等）、场合环境（正式与非正式、悲伤与喜庆、场合大小等）。①

第二节 英语口语与书面语的基本区别

口语英语和书面英语在有些地方是相同的，但口语英语并不是书面英语的翻版，典型的书面英语和口语英语之间存在着以下区别。

一、参与的方式

用英语开口说话被学生认为是最头痛的事，对教师来说也是他们帮助学生学习英语最困难的一个方面。在口语交流中，每位说话者都必须开口说话，他不仅要自己开口说话，而且最好要有听众，并且是能够参与交流的听众。这在课堂上尤为困难，除非所有的学生都在同时发出同样的声音，或他们都在专心听讲，否则说话者的声音肯定会影响其他学生。书面英语就不同，学生进行有关书面练习时都可以自己的速度独自进行，不会影响到其他学生。比如做阅读理解练习，教师发给每人一份材料，这样每个学生就可以同时按照要求独立完成书面练习。

二、表达途径

在口语中，意思的表达可以通过语言之外的途径来进行，如可以联系重音、语调、连读、动作、面部表情等来表达，而书面英语就只能通过文本或语段及词汇来表达。

三、词汇

口头用词往往不太准确，且常有重复。总的来讲，在口语中所使用的词汇有很多是不太准确的，在口语中经常出现的词汇虽不准确但这些词汇有助于听者的理解，同时也给说话者留有足够的时间来组织接下来的内容。谈话者不仅要重复自己已使用过的词和词组，还会重复前一位说话者所使用的词和词组。这样做一方面说明还在谈论同样的话题，另一方面，可以使说话者不必搜寻不同的词和词组，因为他可以很方便地使用刚刚用过的词和词组。书面英语要求

---

① 许迅.语言实践教程（第3版）[M].南京：南京师范大学出版社，2020：190.

用词准确，不得含混用词，因为重复也是书面英语的一大禁忌。

四、句法

多数情况下，口语的句子结构要比书面语的句子结构简单得多。只有非常有学问的人在谈话时可能常用复杂的句子结构，用大量的从句和用一些很明显地表明对所说内容已深思熟虑过的词，如 in the first place，in the second place，finally 等。在这种情况下，他们往往是在说已经经过仔细思考的内容，或是在脑子里已排练过的内容，或是重复在前一种场合已经讲过的内容。大多数口语英语是由并列短句组成的，口语英语的句法结构比书面英语要简单得多。大量使用简单陈述句是口语的一大特点。我们可以从所举的例子看出，口语中几乎都是陈述句，且是以主动语态和肯定句为主，那些不是简单句的句子都比较松散、冗长和模糊。口语中的完整的一句话在书面英语中可能只是一个短语，并且会话中总是有许多言语停顿及错误等。而大量使用复杂多样的句式是书面英语的要求，也是避免语言单调的方法。

五、信息的密度

由于句子结构松散，在同样的篇幅内，口头英语的相对信息量明显少于书面英语。书面英语中经常出现的用几个形容词来修饰一个名词的现象在英语口语中极为罕见。在口语中，说话者倾向于每次只加进一则信息。在书面英语中，还可以用后置修饰以及大量使用副词修饰等结构来达到加强句子的信息密度的目的，而在口语中很少使用这种方法。句子结构简单、信息密度小是口语的特点。因为口语以这种方式来表达是比较容易听懂的。与口语的即刻交流不同，书面英语的风格使语言更精确、精练、优美。

六、语言的功能

从功能角度来看，语言功能可分为两类，即执行功能和相互功能。前者是指语言的传递作用，主要是指信息的传递，在这类作用中以信息传递为主，作者传送信息，读者接收信息。相互功能是指语言是为了维持社会关系，在这类作用中，说话人与听话人的角色在不断转换。

从功能的角度来看，书面英语的主要作用是执行功能。因为写作者的目的是传递信息，信息是否被清楚表达是最重要的。而口语的主要功能是相互功能，必须有一个令所有参与者彼此都感到舒适和友好的环境。许多人都喜欢"聊天"，这里"聊天"的主要特征就是主题的不断变换，其主要目的就是对听者表示友好，或交换信息、交流思想。聊天不是彼此挑战，也不是重复另一个人所说的话。假如在相互交流中，有一个参与者没有确切听懂说话者，他只需点点头和微笑一下便可。当然口语也会包含执行功能，在这种情况下，说话者的主要目的不是和听者双向交流，而是单向传递信息。①

第三节　英语口语教学的目标与现状

一、英语口语教学的目标

口语是利用语言表达思想、进行口头交际的能力。大学英语的教学目标是培养学生的英语综合能力，特别是听说能力。大学阶段的英语教学目标分为三个层次，即一般要求、较高要求和更高要求。三个层次对口语表达能力提出了不同要求：（1）一般要求。能在学习过程中用英语交流，并能就某一主题进行讨论，能就日常话题和英语国家的人士进行交谈，能就所熟悉的话题经准备后作简单发言，表达比较清楚，语音、语调基本正确，能在交谈中使用基本的会话。（2）较高要求。能够和英语国家的人士进行比较流利的会话。较好地掌握会话策略，能基本表达个人意见、情感、观点等，能基本陈述事实、事件等，表达思想清楚，语音、语调基本正确。（3）更高要求。能就一般或专业话题较为流利、准确地进行对话或讨论、能用简练的语句概括内容较长、语言稍难的文本或讲话，能在国际会议和专业交流中宣读论文并参加讨论。

《大学英语课程教学要求》关于口语能力的三个要求对大学生口语能力做了详尽的描述，为大学英语口语课程设置、教材编写、课堂教学和口语评估提供了参考。不同性质的大学应该根据学生的实际需求重新进行目标定位，同一大学也可根据学生的不同英语水平设定不同的目标层次。随着经济全球化，英语逐渐成为世界通用语，经济与科学的发展对非英语专业学生的英语口语水平提出了越来越高的要求。②

---

① 刘翊，许清然，嵩贺. 英语口语教学理论与实践［M］. 延吉：延边大学出版社，2019：12.

② 武琳. 大学英语教学模式与课程建设研究［M］. 长春：吉林大学出版社，2016：90.

二、口语教学的现状

(一) 学生对英语口语不够重视，缺乏口语学习的兴趣和动力

在中国的应试教育背景下，英语学科的考核多在于输入性的考查，即对阅读和写作的考查，大学英语也不例外。因此，学生对英语口语的学习有所忽视，认为只要考试得高分就算把英语学好，对口语课也抱着应付的态度，这直接影响到英语课堂效率的提高。另外，部分学生对英语的学习兴趣不浓，缺乏学习的积极性，对口语学习兴趣不大。

(二) 学生对英语口语表述缺少自信、不够大胆

虽然中国学生从小就开始学习英语，但是真正开口说英语的机会并不多，慢慢地部分学生对自身的英语口语能力产生怀疑。他们大都不敢开口用英语来表达，总感觉自己一开口就会犯错。在适合的英语口语交流氛围中，大学生宁愿承认自己不会英语，也不愿意主动用英语与别人交流。学生不敢开口说，发音等问题得不到有效的解决，发音有问题后学生就更不敢开口说英语，这样就造成了语言学习的恶性循环，不利于学生口语能力的提高。

(三) 学生自身的英语基础不够牢固

中国英语教学虽然从小学阶段一直延伸到大学阶段，但学生的英语基础仍然很薄弱。大学生的词汇量依然较小，语法掌握不牢固，语音语调不够标准，部分学生依然用中式思维组织英语。这样的情况下就出现了较多的中式英语表达，有学者把这样的现象称为"Chinglish"。因此，学生在实际口语表达中也遇到了很多障碍，说出来的英语不够地道，难以理解。

(四) 学校、教师对口语教学重视不够

学生口语的提高较大程度上依赖于学校和老师，但是实际情况则是学校和教师对口语教学重视不够。学生口语能力的提高不是一时半刻的，这是个长期的、艰难的过程。部分高校降低了对英语口语的考核力度，降低了英语口语考核的难度，进而教师也把英语学习的重心放在了阅读和写作上，忽视了口语教学。[①]

---

① 曹凯，秦红娟，周红英. 英语教学艺术与思维创新研究 [M]. 长春：吉林美术出版社，2018：221.

第四节　英语口语教学活动设计

一、基于任务型教学法的大学英语口语课堂教学设计

（一）前任务阶段

前任务阶段主要是激发学生的学习兴趣。在此阶段，教师应与学生共同挖掘话题，并向学生讲解一些必要的词汇及表达。因此，前任务阶段的教学设计过程中可以考虑诸如头脑风暴、猜话题（通过看图片、视频、听音乐）等有益于激发学生兴趣的简单任务。此外，为了使学生能够充分参与课堂的话题讨论，教师也最好在这一阶段向学生提供一定的话题支持，如解释一些必要的口语词汇或背景知识等，这样不仅可以帮助学生掌握一定的口语表达，也有有益于激发学生思维，提升表达欲望。

（二）任务环阶段

在任务环阶段，教师要提供条件让学生尽可能多的接触并使用目标语言，为学生创造交流环境。因此，为了让学生尽可能暴露在目标语言环境中，口语课堂应尽可能选择一些真实性的听力、阅读材料增加学生的语言输入。同时，为了增加学生对目标语言的使用，这一阶段应以双人或多人任务为主，鼓励学生集思广益，促进交流。

在任务设计方面，任务环可以采取的任务种类繁多，例如，在学习口语词汇方面可以采取听歌曲填歌词、你说我猜（You Say I Guess），或看视频补全对话等方式；在练习询问、讨论等口语技能时可利用角色扮演、编对话等活动；在培养演讲、辩论技能方面可采取看图说话、看视频回答问题等方式。

在学生做任务的过程中，教师应积极发挥自己的协助作用，在巡视的过程中及时解答学生的问题，了解个别不积极学生的困难所在，同时观察学生的语音、语调及准确性。在每项任务结束后，教师还应通过各组学生的汇报、表演了解学生的口语水平及任务完成度，并及时给予反馈。

（三）语言点

在语言点环节的目的在于通过以任务的方式帮助学生学习、巩固课堂中涉

及的语法点、口语句型及表达。在这一环节，可以通过一些意识提升练习（诸如改错练习）帮助学生纠正常见语法错误，如中国学生口语中常出现的 he/she 混用，比较级错误等。此外，改写句子、选词填空、看定义写单词等练习也是这一阶段常用的有效任务。

在经济全球化的今天，大学生口语交流能力的重要性日益凸显，提升学生的口语交流能力让学生能流利的在生活中运用英语口语，任重道远。任务型教学法作为当代英语教学常用教学法之一，其适用范围极其广泛，是行之有效的课堂教学方法。当然，由于地区及教材选择等方面差异，任务型教学法并非万能，作为教师，选择最适合学生、课堂和教材的教学方法才能让学生受益最多。①

二、信息差与口语活动设计

口语教学的目的就是培养学生使用目标语言进行有效的交流，一项成功的口语活动需要具备以下特征：（1）学习者占据大量交谈时间：口语交谈的大量时间应当分配给学习者来交谈使用。（2）参与均衡：课堂交谈活动不应由少数健谈者掌控，而是每位学习者都有机会参与，而且交谈的时间需要均匀分配。（3）强烈的交谈动机：学习者有强烈的交谈意愿，因为他们对话题感兴趣，或者有新的信息要分享，抑或他们想要对目标任务做出应有贡献。（4）可接受的语言水平：学习者在交谈中使用的语言需要具备相关性，彼此能够容易理解，此外语言的准确度也需要在可接受的范围内以能够更好地完成目标任务。信息差理论能够为学生在目标语中成功有效地交流提供时间、参与和内在的驱动力，因为信息的不对等和差异才激起人们交流的意愿。此外，交际过程由不同的阶段组成。学习者最开始由结构阶段开始，逐渐进入最后的社会交往阶段，在最后的阶段中，学习者则为能够做到在具体的社交场合用目标语正确地进行信息的传递和交流。因此，在课堂中口语教师作为整体活动的设计者、组织者和指导者，还应当创造性地设计和提供较为真实的交际场景，以便于学习者在较为真实和有意义的场景中进行自愿和有兴趣的交流。在信息差理论指导下，口语教师可以使用的一些课堂活动有：

（一）猜人游戏

学生两两（或三人）成组，其中一人低头、闭眼，另一人描述教师 PPT

---

① 张拓，崔梦苏. 基于任务型教学法的大学英语口语课堂教学设计 [J]. 科教导刊（电子版），2017（32）.

展示的人物（如娱乐、体育、政治名人等），可描述其性别、职业、外貌、性格或做过的突出事件等，但不允许使用别描述者姓名中的任何信息，另外一人猜测出 PPT 上被描述的人物，教师需要事先给出一定的时间，比如 30 秒完成，未完成者也需要停下，随后教师简单提供几个描述中可能会用到的词或短语供学生学习，之后组员交替进行。为了增加趣味和竞争性，也可做成小组比赛的形式，每组派出两名代表站到前面，猜完所有图片用时最短组获胜，猜测过程中描述着有选择放弃规定数目张数的权利（否则活动容易卡住），也可有几次场外援助的权利以增加参与度。

（二）图片想象

两两（或三人）成组，一人低头、闭眼，另一人认真描述（美丽或有趣的）图片，描述者需使用简洁、概要的语言（尽量讲出图中的 what、who、when、why、how 等因素）描述图中风景或故事——CET4 口语考察能力之一，聆听者需要听明白并且努力想象图片的内容。规定时间完成之后，抬头观看图片，对比现实和想象中的图片，教师同样给予简单的词语或词组以供学习，之后组员交替进行。此外，每节课前图片导入时也可以采用这一活动。

（三）找不同

教师展示一组有对比差异的图片，如两张反应不同出行方式的照片（一人骑车 VS 一人开车），由一人使用简洁、概要的语言描述，另一人想象和对比，规定时间完成之后抬头观看现实图片，教师同样给予简单的词语或词组以供学习，之后组员交替进行。这锻炼了描述者的口语归纳、对比能力——（BFT）事业单位人员出国测试口语考试考察能力之一。

（四）职业热气球+组间报告

四人（至少三人，最多不超过五人）一组，每人事先获得一个小纸条，纸条上写有某个职业，每人的职业都不一样（如 doctor、businessman、farmer、teacher），首先其中一位同学（比如穿着最亮色衣服者）来描述自己的职业由其他三人来猜。组员依次猜出职业后假定乘坐热气球出行，途中热气球出现故障，必须有一人牺牲跳下热气球，每人都当竭力用英语为自己辩护，觉得自己是重要且适合留下的人，而其他人可以牺牲，最终组内成员需要在辩论后达成一致。之后，每组派出一名报告人员进入相邻的下一组汇报自己组的选择和理由。这一活动既能实现组内信息差交流，也能在不同小组之间进行观点差交流，极好促进组内、组间交流。交流完毕后，教师可以询问每一小组的选择情况，并让班级中观点与其他组不太一样的再派代表简单汇报下。

（五）传话筒

多人组成一列（两人组成一队），第一个人出列听教师讲述英语故事，然后归队讲给下一个人，下一个人再讲给后一个人，依次讲完。最后听故事者需讲出故事，并与原故事核对，会出现很多意想不到的差异。此外，教师也可准备两个类似难度的故事，让两人组队中的一人看完故事，复述给另外一人，然后交换进行。通过故事差的训练既锻炼了学生的口语表达也使整个过程充满乐趣。

信息差理论设计的活动要求学生结对或组内、组间完成，这给学生提供了更多在目标语中询问和解答问题的机会，让学生在有意义、兴趣、和交流意愿的情况下主动弥补相互之间的信息差异，在目标语中自然地交流；学生的交流意愿和主动参与度都有较大提升，也能够帮助他们更好地理解教师使用的目标语言；此外还有利于促进学生之间的交流，为学生的口语学习提供社会情感策略支持。总之，信息差理论的使用能够有效激起学生的口语交流兴趣，对于打破交流障碍，鼓励学生勇敢开口，提供放松愉快的英语口语交流环境具有重要的作用。但在口语活动的设计过程中要充分考虑学生的听力水平和口语表达能力。同时在课堂上，教师要充分发挥自己的脚手架作用，紧密关注每个小组的口语进行情况，提供有效的帮扶，同时也需发挥好监督的作用，确保每组、每队按序有效进行，避免口语课部分学生参与度不高的状况出现。①

三、目标教学导向的口语实践活动设计

英语口语教学实践活动的设计与国家英语教学目标的要求相适应的同时还应从语言习得规律的视角加以考虑。在英语教学中，教师应采取真实、任务型、得体性及听与说相结合的教学策略，使学生在一定的语境下学会得体地运用所学语言。为此，英语教师在设计口语教学实践活动时既要依据语言习得的科学规律来设计口语教学实践活动，又要考虑不同阶段语言实践活动的特点而有所侧重，把以听促说、促读、促写落到实处。

（一）以国家英语教学目标为导向

在英语教学中无论是偏重读和写，还是偏重听和说的教学方法，其都不可能有效地促进语言学习者交际能力的全面发展以及在社会交往中达到充分交流

---

① 苗靖洁，赵德会.信息差视阈下大学英语口语教学设计 [J].教育现代化，2019（80）.

的目的。这是因为语言本身就是用来进行交际的工具，工具运用的得体自如，各种能力要全面发展。所以，基础英语教学应体现听说领先、读写跟上的教学原则，即以口语能力带动书面语能力的发展。

高校英语专业教学大纲对英语人才培养的质量要求是：要在打好扎实的英语语言基本功和牢固掌握英语专业知识的前提下，拓宽人文学科知识和科技知识，掌握与毕业后所从事的工作有关的专业基础知识，注重培养获取知识的能力、独立思考的能力和创新的能力，提高思想道德素质、文化素质和心理素质。高校外语人才的培养目标是在基础英语教育目标的基础上，进一步提升、拓展到获取、创新文化素养和独立探究能力的层面。如何达到人才质量培养的标准，关键在于教师在英语教学中采取何种教学实践活动来促进学生语言能力的全面提高。其中，英语口语能力在社会语言交流中的重要地位决定了英语口语教学活动的设计在培养学生综合素质方面起着举足轻重的作用。

（二）依据语言习得规律设计英语口语教学实践活动

根据语言习得的规律，领会能力的形成总是先于表达能力，口语能力培养及训练方式可以采用五种方式来进行。一是听与回答问题结合：既提出问题，又反馈听的效果，培养学生会说和怎样说的能力；二是听与复述结合：既考查学生对所听材料内容理解的准确度，又训练学生的记忆力；三是听与读结合：用先听后读或先读后听的方法夯实学生听音辨音、听音辨意的能力；四是听与写结合：培养学生抓住听力材料中的关键词、内容的主旨和大意及快速记录的能力；五是听与表演结合：将所听内容用角色扮演的形式表达出来，利于激发学生的学习兴趣，培养学生语言交际运用能力。

（三）依据阶段侧重原则设计英语口语教学实践活动

我国英语人才培养目标对不同层次英语口语能力的要求标准是不同的。教师应认真领会不同阶段英语口语教学的目标要求，可按基础阶段、提高阶段和发展阶段来科学设计不同阶段英语口语教学实践活动的内容和形式。基础阶段：以精听、精准表达为主。听音辨音的同时伴有纠音正调的练习活动，旨在为学生奠定良好的言语基础，即准确掌握语音在语流中的变化规则，使其内化在学生的语言运用之中，达到脱口而出的程度。提高阶段：以句子的听音辨意为主。采取精听说与泛听说相结合的方式来培养学生的口语能力，并在此基础上扩展到听说语段和语篇的能力。发展阶段：在进一步培养学生听说语段能力的基础上着重培养学生听说语篇的能力。同时，帮助学生提升根据语言和物质环境及说话人的语言特征进行推理、判断、调整听说方式的能力。

综上所述，英语作为一种交流工具，听和说是不分家的。学生听的能力越强，获取的语言内容就越准确，信息量就越大，表达的就越清晰、自如、得体，最终达到交流思想和文化的目的。因此，科学设计英语口语教学实践活动，能有效培养学生的英语语言综合运用能力。[①]

第五节　基于应用语言学的大学英语口语教学方法研究

一、基于应用语言学的大学英语口语探究教学法

探究教学法的核心在于"探究"，它是指在英语教师利用现代教育手段与媒介，综合多种教学资源，以学生为中心，以教师为主导，通过以学生的自主学习、自我探索和自我研究为主的方式完成语言知识和口语技能习得的教学方法。

与传统教学法相比，探究教学法的显著优势在于其合作性，这也是其一大特征。我们知道，仅仅依靠学生的自主探究来完成知识的学习和技能的掌握这是不太现实的，此时教师的作用就可以充分发挥出来。由此可见，所谓的合作就是充分发挥教师的主导作用与学生的主体作用，实现教师与学生的通力合作，以达成教学目标，完成教学任务。

在英语口语教学中，探究教学法的步骤大致如图 6-1 所示。

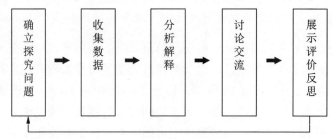

确立探究问题 → 收集数据 → 分析解释 → 讨论交流 → 展示评价反思

图 6-1　探究教学法的过程

① 刘玲. 基于目标教学的英语口语实践活动设计［J］. 英语教师, 2015, 15（15）.

二、基于应用语言学的大学英语口语文化植入法

文化植入这一概念源自"广告植入"。所谓广告植入就是为了达到营销目的将产品及其服务的视听品牌符号融入影视或舞台产品中，从而给观众留下深刻的印象。同样，在英语学习中，如果只是生硬地开设文化课，学生会因为文化内容的繁杂而退却，从而失去学习的兴趣和动力。而如果在英语教学中巧妙植入文化内容，那么就能对学生产生潜移默化的作用，从而加深他们对文化的印象，同时产生文化学习的兴趣，最终提高学生口语学习的效果。需要注意的是，植入并不是无原则地随意植入，需要遵循一定的原则，主要有以下几个原则。

（1）寻找适当的"切入点"。在口语教学中，教师在进行文化植入时要注意找到一个恰当的"切入点"。因为文化知识背景复杂、内容繁多，通过"切入点"的"植入"可以激发学生对于相关文化内容的兴趣和关注，也有助于学生对口语进行学习和操练。一旦打开文化世界的大门，学生会自己主动学习。

（2）植入在精不在多。首先，植入的内容切忌太多，这样不仅不会起到正面效果，反而可能会引起学生的反感，削弱学生对英语口语和文化学习的兴趣。其次，植入的内容要精心筛选，要符合学生的兴趣爱好，且能深入浅出，切实帮助学生提高口语水平。

（3）教师植入的内容要服务于口语教学。文化植入的一切内容都要围绕口语教学进行，并与主题紧密相关。文化植入的最终目的是帮助学生更好地应用口语，掌握口语课的教学内容，所以文化植入的内容一定凸显其服务功能。

三、基于应用语言学的新媒体环境下大学英语口语课堂教学策略

在应用语言学的新媒体环境下，大学英语教师可以让学生自主创编口语交际内容，并为学生营造熟悉的英语口语学习环境，进而培养学生的英语口语表达能力。

（一）开展自主创编英语口语交际活动

大学英语教师可以自主创编英语口语交际活动，进而培养学生的创新能力和口语表达能力。在此教学过程中，教师可以先用多媒体为学生展示一段以"快餐店点餐"为主题的口语交际微电影，进而让学生熟悉不同主题下的口语交际内容。随后，教师可以为学生提供几个新颖的口语交际主题，让学生7人

一组组织口语交际对话，并让学生在体验不同角色的过程中认识英语口语知识。在此合作设计过程中，不仅可以使学生熟悉不同题材的口语交际内容，还可以让学生在口语表达的过程中体验不同角色的情感，进而使学生深入学习过程中提高口语表达能力。随后，教师可以让学生分组上台展示自己的口语交际内容，进而使学生在学习的过程中提高学习注意力，找到口语表达的乐趣。

（二）为学生营造特定的英语口语学习情境

大学英语教师可以为学生营造特定的英语口语学习情境，让学生自主探究英语知识。首先，大学英语教师可以让学生在课前学习"研究生面试口语交际技巧"微课视频，进而使学生在课前熟悉本节课的口语交际主题。然后，教师可以让学生在课前准备自我介绍的相关内容，在课上与学生进行模拟对话。接着，在课堂教学过程中，教师可以选取几个同学一起做面试的考官，与将要面试的学生进行模拟对话，让学生在课上展示自己的口语自我介绍，进而使得学生提高课前学习的注意力。教师和其他几个模拟考官可以提问学生，并用英语与学生进行学习互动，进而使得学生提高自身的应变能力。同时，学生在与模拟考官进行互动的过程中不仅可以发现自身的不足，还可以训练学生的逻辑思维能力。随后，教师可以对学生在担任考官、考生时的表现进行评价，进而使学生充分了解自己口语表达过程中存在的几点问题，并提高学生的胆量，让学生在今后的学习或工作过程中，明确口语学习的重点。①

---

① 王班. 基于应用语言学的新媒体环境下大学英语口语课堂研究 ［J］. 速读，2021（5）.

第七章　应用语言学与高校英语阅读教学融合探究

阅读是一项复杂的智力活动，同时也是一个积极主动思考、理解与接收信息的过程。辨认文字符号的感性认知阶段和理解内容、吸收信息和创造性思维译码的理性认知阶段是阅读的两个发展阶段。英语阅读教学的主要目的便是培养学生流畅阅读文章的能力，并最终实现交际目的。本章首先分析了高校阅读教学的重要性及影响阅读的因素，进一步探讨了英语阅读教学的基础知识，论述了英语阅读教学的原则与对策，最后详细地分析了应用语言学在高校英语阅读教学中的应用等相关的内容。

第一节　高校阅读教学的重要性及影响阅读的因素

一、高校英语阅读教学的重要性

（一）有利于学生获取重要的英语信息

英语阅读是人们获取信息的一种重要手段，也是人们相互交流思想的一种便捷途径①。在当今的知识经济时代，信息化高度发展，有效的英语阅读能够使学生获取世界范围内有用的信息和知识，对一个人的生活、工作和学习具有重要的作用。在大学的各种英语测试和水平考试中，阅读理解都占有极为重要的地位，影响到学生的英语成绩。因此大学英语阅读教学尤其是有效的阅读教学能够让学生在平时的阅读中积累词汇、语法、篇章中的技巧和重要信息，提高学生的阅读和写作能力，还能大大提高学生的听说能力，提高学生应用英语

---

① 佟敏强. 大学英语阅读教学理论与实践 ［M］. 长春：吉林出版集团有限责任公司，2009：1.

进行有效交流的能力。英语阅读教学是英语教学听、说、读、写、译五个环节中的重要一环①。

(二) 有利于培养学生的英语综合应用能力

英语阅读逐渐成为我国学生、研究者、企业管理人员获取信息的主要手段之一，也是人们相互交流思想的便捷途径。阅读是自学的条件，是学生终身学习的基础。英语阅读在提高英语学习者的英语语言能力方面发挥着不可替代的作用，阅读对听力、口语和写作技能的培养都起着积极作用。

(三) 有利于培养学生的跨文化交际能力

英语文本是英语文化的主要载体，阅读文本则是了解和融入英语文化的主要手段。语言的存在需要有一个环境，不能脱离文化而存在，不能脱离社会继承下来的传统。阅读是文本创造主体和文本解读主体间的对话，是主体间的一种寻求心灵交流的活动，是读者与文本互动的一种过程。这种对话和互动的关键在于两个主体对同一种语言形式达成积极的思想和心理交流，这就要求读者不但要掌握语言，而且要了解文化。组成语言的词汇、语法和音系无不诉说着文化的本质和价值，因此语言是一个民族的象征，组成这一民族的历史文化背景和生活、思维的方式。语言和文化相互作用，要理解其中一者必须同时理解另一者。在学习和掌握语言的过程中，通过大量阅读文本，读者可以对目的语蕴含的丰富文化形成深刻的、理性的认识，逐渐培养跨文化交际意识。此外，读者结合自身对本族语言文化的理解，与英语语言文化形成对比和类比，了解两种文化不同的渊源、发展历程和本质特征，增强自身对中西方文化的共性与差异的意识，增强对产生这些差异性的根源的认识，从而加深对语言意义的理解，减少因文化知识匮乏而产生的语用失误，提高自身的跨文化交际能力。

(四) 有利于有效提升学生的人文素养

人文素养是做人的素质，是指一个人的内在品质，它包括文化知识素养、道德情操素养、审美素养和人生境界追求以及心理素质、思维方式、人生观、价值观等。英语语言不仅是一种符号体系或交际工具，而且是英语民族认识、阐释世界的意义体系和价值体系，因而英语具有民族性和鲜明的人文属性。英语文本一定会渗透着英语民族的历史、人物、政治、经济、科技、文学、宗教、习俗等方面的内容，这其中蕴含着丰富的人文精神。读者在这些生动的人

---

① 谭钦菁. 大学英语理论与教学研究 [M]. 北京：北京工业大学出版社，2018：141.

文教材中必将获得深刻的启迪和教益，体味其中的真、善、美和假、恶、丑，感悟其中的文化内涵和人文精神，自然而然地受到人文素质教育，在情感智慧、道德品格方面得到升华。

二、影响英语阅读的因素

（一）学生英语词汇障碍

词汇与阅读的关系就像砖瓦与高楼大厦的关系，其关系密不可分，词是组成文章的最基本单位，读不懂词就连不成句，连不成句就无法理解文意。词汇是阅读的基础，没有词汇作支撑阅读就无法进行。提高阅读能力的一个重要因素是扩大词汇量。词汇量决定了阅读理解能力，词汇量越大，阅读面越广，视野就越开阔，阅读理解能力越强。有限的词汇量必然会影响阅读兴趣和阅读速度，从而影响理解能力的提高。因此词汇量不足成为学生英语阅读进程的极大障碍。

（二）学生不良的阅读习惯

（1）指字阅读，就是在阅读中视线跟随指头或笔头的移动而移动，这是缺乏阅读训练且阅读效率低下的表现。

（2）心译，就是学生在阅读英语文章时先将英文译成母语，然后再通过母语去理解所读内容。这种不良的阅读习惯既浪费了时间，又影响了按英文的思维模式去全面审视文章的有效阅读。

（3）依赖词典阅读，学生在阅读过程中习惯于逐词理解，而不是逐句、整段、整篇的理解。当句子中出现生词或理解不了的词时，学生就依靠词典进行逐词翻译以求理解，结果跟不上作者的思路，抓不住文章的中心，更不能根据文章的脉络与结构分析语篇大意，这就是速度慢、理解不准确的原因之一。

（4）低声阅读，就是在阅读时口中念念有词，将阅读的速度降低到说话的程度；头脑中一直读出并听到每个词的发音，这妨碍读者对文章的理解和思考。

（5）回视前文，是指在阅读的过程中遇到某些生词或对一段文字意义不明确时反复阅读已经读过的部分，这是低心理安全感的表现，这样会分散注意力，不利于读者抓住文章的要旨或主题。

（6）视幅狭窄，是指阅读不是以意群或句子成分为单位，而是以单词为单位。由于眼停次数过频，输入单位小而零散，导致阅读时间增长，正常思维受阻。

（三）学生阅读兴趣和文化背景知识

"兴趣是最好的老师"①。一个人的阅读兴趣越浓，阅读面越广泛，他的阅读能力越强，能更好地理解阅读材料，但现在很多大学生除了自己的专业书籍以外，真正有阅读兴趣且积极自主阅读的学生不多。缺乏阅读兴趣是阅读速度慢、词汇量不够、知识面狭窄、理解受阻、阅读进程不畅的主要原因。除了缺乏阅读兴趣以外，在英语阅读过程中，文化背景知识的缺乏也成为阅读进程的极大障碍。东西方的文化差异往往会对读者形成文化干扰，学生不了解英语国家的历史、文化、宗教、习俗等各种文化背景知识，只好从字面上理解。这样会造成阅读短路，会影响到对文章段落的理解，并出现误解。

（四）学生阅读量不足障碍

英语阅读教学不能代替阅读本身，阅读能力的提高只有通过大量的阅读实践才能实现。只靠课堂阅读，没有课外阅读的配合，提高阅读能力亦是一句空话。但遗憾的是有相当一部分学生不重视课外阅读，不愿多花时间阅读或根本就不读，英语学得好的人，一般说来，都读过相当数量的书；阅读的主要目的在于语言吸收上的"潜移默化"，在于获得语感。阅读需要"量"，没有大量的语言"输入"是难以学好英语的。

第二节 英语阅读教学的基础知识

一、高校英语阅读教学的内容

英语阅读教学的目的在于培养学生的阅读能力，使学生能够通过阅读英语材料获取所需信息。基于这个目的，高校英语阅读教学应包括以下内容：

（1）辨识单词。

（2）猜测陌生词语的含义。

（3）理解句与句的关系。

（4）理解句子言语的交际意义。

（5）辨识衔接词并能据此理解文章各部分之间的关系。

---

① 刘德胜. 超级记忆力［M］. 北京：航空工业出版社，2019：131.

（6）辨认语篇指示词语。

（7）把握语篇的主要观点或主要信息。

（8）总结语篇的主要信息。

（9）从细节中理解主题。

（10）将信息图表化。

（11）培养学生基本的推理技巧。

（12）培养学生的跳读技巧。

二、高校英语阅读教学的目标

《大学英语课程教学要求》为英语阅读教学提出了三个层次的要求：一般要求、较高要求和更高要求。高校英语阅读教学具体内容如下：①

（一）高校英语阅读教学的一般要求

（1）能基本读懂一般性题材的英文文章，阅读速度达到每分钟70词。

（2）在快速阅读篇幅较长、难度略低的材料时，阅读速度达到每分钟100词。

（3）能就阅读材料进行略读和寻读。

（4）能借助词典阅读本专业的英语教材和题材熟悉的英文报刊文章，掌握中心大意，理解主要事实和有关细节。

（5）能读懂工作、生活中常见的应用文体的材料。

（6）能在阅读中使用有效的阅读方法。

（二）高校英语阅读教学的较高要求

（1）能基本读懂英语国家大众性报纸杂志上一般性题材的文章，阅读速度为每分钟70~90词。

（2）在快速阅读篇幅较长、难度适中的材料时，阅读速度达到每分钟120词。

（3）能阅读所学专业的综述性文献，并能正确理解中心大意，抓住主要事实和有关细节。

（三）高校英语阅读教学的更高要求

（1）能读懂有一定难度的文章，理解其主旨大意及细节。

---

① 钱满秋. 现阶段大学英语教学改革研究［M］. 北京：北京理工大学出版社，2017：129—130.

（2）能阅读国外英语报纸杂志上的文章。

（3）能比较顺利地阅读所学专业的英语文献和资料。

以上目标和要求为我国的英语阅读教学提供了权威指导，但英语教师不能死板地按照以上要求开展教学。英语教师应该根据实际情况把握教学内容和教学进度，以保证最终的教学效果。

三、高校英语阅读教学的特点

（一）高校英语阅读内容的特点

从对大学英语教材的把握上看，大学英语教树中几乎包括了各种文体，具有多样性。其多样性表现为，一是文章涉及多个领域，如语言、文学、政治、经济、科技、宗教等；二是体裁有说明文、记叙文、议论文；三是语域的多样性，所选文章既有书面体文章，也有语体口语化乃至俚语化的文章。因此可以说，大学英语的阅读内容具有篇幅长、生词多、句法多样化、思想深等特点。

（二）高校英语阅读方式的特点

高校英语阅读一般分为精读、泛读和略读。

1. 精读的特点

精读要求学生毫无遗漏地仔细阅读全部语言材料，并获得对整篇文章深刻而全面的理解，在精读本中，每篇课文后的词汇、语法、句型及注释都应仔细领会。

2. 泛读的特点

泛读也可称为普通阅读，其要求学生读懂全文，对全文的主片大意、主要思想和次要信息及作者的观点有明确的了解。对全文只做一股性的推理、归纳和总结，无需研究细节问题和探讨语法问题。但要求阅读速度高于精读速度的一倍。

3. 略读的特点

略读是一种浏览性的阅读，指一个人以他能力达到的最快速度浏览阅读材料。① 略读不需通读全文，只跳跃式地读主要部分，主要部分一般指第一段、最后一段及中间衔接段，因为第一段一般为全文概述，最后一段为归纳总结，中间衔接段一般为上下文关系段落或者有递进关系、转折关系、因果关系等。它的目的是为了获取全文的中心思想和主要内容。一般来说，略读的速度应该快于泛读速度的一倍。

---

① 刘森林，曾祖红编著. 新编大学英语四级考试要略［M］. 重庆：西南师范大学出版社，1997：26.

第三节　英语阅读教学的原则与对策

一、英语阅读教学的原则

不同的教师、不同的教学条件和环境、不同的学生、不同的教学目的以及其他与英语教学相关的不同，反映在阅读教学上，就必然演化出各种各样的阅读教学活动，这就是英语阅读教学的实践。

（一）真实性原则

交际教学法的基本原则在于强调语言的交际性，而交际性首先来自语言的真实性。因此，在阅读教学中要特别注意真实性。阅读教学的真实性包括三层意义：一是阅读材料的真实性。阅读材料的选择要考虑学生在日常生活中的交际需要，从现实生活里面选择问题多样、适合学生的语言水平、学生喜闻乐见的阅读材料。二是阅读目的的真实性。真正的交际过程中，阅读活动总是有一定目的的。人们阅读可能是为了获取信息或者验证自己已有的知识，可能是为了批评作者的思想或者写作的风格，也可能单纯为了消遣或者打发时间。阅读目的不同，需要的阅读方法也就不同。阅读教学也要根据交际的需要，确定教学的具体目标。不同的文章可以专门用来训练学生的某项或者几项阅读技能，也可以用来训练学生的综合阅读能力。在具体的阅读教学中，阅读的目的还要体现在练习的设计上，要通过阅读练习帮助学生实现阅读目的。三是阅读方法的真实性。学生要根据自己的阅读目的、文章的体裁类型等选择适当的阅读方式。重语言、轻理解，把阅读教学的大部分精力放在语言知识的讲解上，就违反了阅读的一般规律，是阅读教学失败的一个重要原因。一定要明确贯彻阅读课堂教学的目的是"先理解、后语言点"[①]让学生真正参与阅读实践，亲身体验阅读过程。不然，教师剥夺了学生亲自阅读理解、分析判断、推理对比、评价总结的机会，就很难快速培养其阅读能力。

（二）层层设问原则

课堂提问是教学活动的有机组成部分，教师根据一定的教学目的，针对相

---

① 陈柏松. 英语教学图表集［M］. 武汉：湖北教育出版社，1992：293.

关的教学材料，设置一系列问题情境，要求学生思考问题并回答，以促进学生积极思维，提高教学质量。层层设问原则主要是指教师在阅读教学中提出的问题应该具有层次性，一环扣一环，逐步揭示文章的主题。通过教师层层引导，学生认真思考，在解决问题的过程中，掌握所学知识，逐步理解文章内容，并提高自己的分析理解能力。

（三）积极性原则

阅读不是一项被动的过程，而是一种高度积极主动的创造性行为，是读者根据自己已有的信息、知识和经验对语篇进行筛选、分类和解释的过程，是读者通过语篇与作者相互作用的交际行为。读者的心理状态对阅读具有重要的影响。决定阅读心理状态的具体因素包括阅读目的、兴趣、必要性、积极性等，可以概括地用"强制性"的强度来表示，强制性大的阅读往往目的不明确或缺乏兴趣、积极性差，属于被动阅读；强制性强度小的阅读则往往出于兴趣，是自发性的主动阅读。在实践中，前一种阅读比后一种阅读更难进行，或者说难度更大。比如，同样的阅读材料在学生平时的学习中不算很难，但放在考试中就可能要难得多。提高学生阅读的积极性要从以下几个方面入手：一是选择学生感兴趣的、难度适中的文章；二是开展生动有趣的课堂活动；三是及时发现学生的进步，多表扬、多鼓励。

（四）循序渐进原则

阅读教学目标的完成不会一蹴而就，它是一个循序渐进的过程，需要一个合理的总体设计和长远规划。教师应该在材料选择、任务确定、阅读方法以及阅读教学的反馈等诸方面做出全面细致的考虑，并鼓励学生寻找适合的阅读方法，积极引导学生采用适合自己的阅读方法去完成既定的阅读任务。

（五）因材施教原则

由于学生之间存在着个性差异，因而学生学习阅读的进程就有所不同。因此，教师应注意满足不同水平学生的特殊需要，力争使每个学生都能相应的发展阅读技能。比如，有的学生阅读成绩不佳而有自暴自弃的情绪，对于这类学生，教师可以先给他们简单的阅读材料，逐步增加难度，让他们看到自己的点滴进步，经常表扬、鼓励他们，帮助他们增强取得进步的信心。而有的学生基础好，学习兴趣浓厚，课堂上的阅读常常满足不了他们的阅读欲望，针对这类学生，教师应向他们介绍和推荐一些适合他们的读物，布置一些富有挑战性的阅读任务，以满足其阅读欲望。总之，教师应根据每个学生的特点认真分析，并将其分类，在教学中有意识地对其提出不同要求，采取不同方法，从而做到因材施教。

（六）速度调节原则

阅读速度不一定等于理解能力。有的人阅读速度快，但是理解能力差；而有的人阅读速度慢，理解能力也差。针对这些学生，应加强一般阅读技能的训练和语言的基础知识，而不宜加快阅读速度。教师应根据教学的进程设置不同的阅读速度，在阅读教学进行之初，可以放缓阅读速度，注重对材料进行有效理解。慢速度阅读有时也是一种需要，例如，对于诗歌、散文、小说等应该细细地品读，深入地分析领会，认真思考、品味、评价和欣赏。但随着词汇量的扩大，语义、句法知识的增加，语感的增强和阅读技能的提高，阅读速度亦随之增强。这个阶段就应该进行相应的限时训练，加强训练的强度，进而完成阅读教学的目标。可以说速度调节原则就是要求教师在阅读教学过程中做到张弛有度，根据不同阶段的教学目标做相应的调整。

（七）课前预习原则

学生只有进行课前预习才能在课堂上听懂教师所讲内容，顺利完成教学任务。教师在上课前可以将教学目标提前公布给学生，以便学生进行有针对性的预习。例如，本节课的教学主题是中西方建筑，那么教师可以按照以下几点制订教学目标。第一，通过略读和寻读，了解中西方建筑的差异。第二，体会中西方建筑蕴含的文化价值，并能用一些词汇和句型介绍中西方建筑差异。第三，深入思考中西方建筑文化差异的根源，形成文化自信。学生完成了课前预习之后，教师可以在上课之前检查他们课前预习的情况。以中西方建筑为例，教师可以让学生以小论文的形式介绍中西方建筑差异。

（八）立足语篇原则

在英语阅读理解中，有的学生知道某个词的意思，但是仍然无法将上下文联系起来理解，形成一个连贯的意义。有的学生会用汉语思维，带着阅读中文的习惯去阅读英语，这也会给英语阅读带来一些障碍。为了解决这些问题，教师就要从语篇整体的角度进行教学，培养学生的全局意识，提高学生的综合阅读能力。这就要求教师做到三点：第一，向学生详细介绍英汉语言的逻辑连接差异；第二，向学生讲解英汉语言的表达方式；第三，向学生明确英汉语言的修辞差异。

二、英语阅读教学的对策

(一) 充实学习者的背景知识

文化语境指背景知识，即读者理解某一个语篇所必须具备的该语篇所涉及的态度、价值观和共有的经历、对行为方式的期待、做事或达到共同目标的方式等外部世界知识。背景知识是英语文化的部分，对使用母语的人来说，阅读那些源于相同文化背景的著作要相对容易一些。由于中西方文化的差异，在语篇的理解中会存在文化语境空白，要想深刻理解以英语文化为背景的语篇，就得具有相关国家的文化语境图式，使语篇与学生的相关文化背景图式相吻合读者的背景知识会影响到阅读理解。背景知识包括学习者阅读语篇已有的全部经历：生活经历、教育经历、语法知识、母语知识、第二语言知识以及背景知识。假如能够通过设定目标、提问、预测、讲解文章结构等激活背景知识，读者的阅读理解能力就能够大幅度提高。如果学生对所读的话题不熟悉，教师就需要通过建构语境来启动整个阅读过程。这就要求教师在备课时要注意精心准备教材，吃透课堂阅读教学中存在的文化语境空白，精选材料，或给学生提供具体的线索，让学生通过一定的渠道了解要处理语篇的文化语境知识，在英语课堂阅读教学有限的时间内，学生不可能在课堂上解决自己遇到的不熟悉的有关语篇涉及的社会机构和思想意识方面的背景知识和其中的文化内涵，此时需要教师充当建立新文化语境的工具。教师需不断了解和研究学生在自主探究过程会遇到什么问题，帮助学生顺利理解所呈现的材料。

(二) 重视基础词汇的学习

词汇是阅读过程得以顺利进行的基础。[①] 作为英语教师，对于词汇在阅读过程中的角色都应该有着自己的理解。基础词汇的详细讲解，有利于学生在阅读上下文时有效猜测低频词汇的意思。相关研究也表明，对于一个经常阅读学术性文章的学生来说应付特殊术语的能力要比应付一般词汇的能力更强。所以如何积累一般常见词汇，有必要被教学者纳入教学方案。

在词汇积累的教学中，单词网络图是有效提高学生积累词汇量的重要方法。在英语阅读课堂教学中，选择一个核心概念词，让学生就这一核心概念词进行相应发挥和扩展，在中心概念词上建构与其有关的其他词汇除此以外使用词缀知识，根据上下文猜测词义，使用单词卡和使用词典，都是很好的记忆积

---

① 张林．浅析大学英语阅读教学的原则与方法 [J]．科教文汇（中旬刊），2009（12）．

累词汇的办法。值得注意的是，高频词的教学在积累词汇的过程中是十分重要的，高频词的教学要渗透到课程的听、说、读、写等部分，并在教学细节中给予高频次高度的关注，在听说读写过程中善于利用高频词进行交流。

（三）认清学生的理解过程才是阅读教学的关键

在中国应试教育的背景下，阅读教学同其他的课程教学一样，英语教师和学生的注意力大部分集中在阅读教学的检测结果上，而阅读理解中的所谓理解，则完全被忽视。实际上如何完善和监控阅读的理解过程才是成功阅读的关键。为了让学生学会怎样去理解，可以从学生自身对自我的检测开始，并鼓励他们同教师进行理解策略的探讨，这也正是元认知过程和认知过程的有效结合

例如，教师不要在学生读完一篇文章后再去提问有关理解性的问题而是应该示范学生应该如何实现理解，全体学生一起阅读，一起讨论怎样理解文章内容不失为一种好的教学方法。例如，对于英语教学中的短篇推理故事，教师就可以引导学生对文章内容进行推测，并鼓励学生说出自己对故事情节的推测和理解，这一理解过程应该伴随在阅读过程中。

（四）提高学生阅读的速度，重视阅读的流畅度

英语阅读教学常常存在一个困难，就是学生即使具备了阅读能力，还是在很多时候不能流畅阅读。当我们把教学重点放到如何加快学生的阅读速度时，由于过分强调其准确性，阻碍了阅读过程的流畅性。这就要求英语教师在教学中找到一个合适的平衡点，既帮助学生提高阅读速度又帮助学生提高阅读技能。我们时刻要清楚，我们在阅读过程中所培养的速度其最终目的是培养学生阅读的流畅性。阅读的过程不应该被词汇识别任务所束缚，应该让学生花去更多的时间去研究所读的内容和语言背后的文化价值。

提高阅读速度行之有效的方法就是"反复阅读"。学生反复阅读一篇文章，直至达到标准的阅读速度和理解程度，例如，学生可能尝试两分钟之内读四遍 100 词的段落。学生参与了反复性阅读练习，就会意识到这个练习是如何提高阅读能力的。快速读两遍和慢读一遍比起来能够更多理解文章的内容，这就是英语教学过程中，有效提高学生阅读能力的重要技巧，并且能够提升他们对阅读速度重要价值的元认知意识。

（五）传授有效的阅读策略和技巧

策略是学习者主动运用一系列创造性的方法解决问题的手段。在英语阅读学习中，学生为了达到阅读学习的预期效果，学生需要学会使用系列与阅读过

程相匹配的阅读策略，所以如何传授阅读策略就成为英语教学中应该被教学者所考虑的问题。完善学生的阅读策略的重要方法就是要求学生在阅读过程中描述自己的阅读过程和思维。在阅读课上教师要求学生相互交流阅读思维过程，才能让学生更好地意识到阅读策略的存在。

值得注意的是，除了传授有效的教学策略之外，教师更要检验学生的阅读策略例如，指导有声思维，能使学生识别它们阅读时使用的策略。教师可以试着让学生回答如下五个问题：（1）你正在做什么？（2）使用什么策略？（3）为什么选用这个策略？（4）使用这种策略的效果如何？（5）如果想要达到预期学习目标是否能够用到其他策略？回答了这五个问题以后便能够让学生之间在交流之中学习到各自的阅读策略。

（六）在阅读教学中进行正确评估

英语教学中的评估是指收集相关信息并对学生的语言知识及语言运用能力做出判断的行为，因此评估的实质在于分析每个学生的学习状况，在英语阅读课上应该既有定量的评估活动，也包括定性的评估活动。定量性评估涉及阅读课上的随堂测验信息和阅读速度数据，定性信息涉及阅读日记反馈，阅读兴趣调查以及阅读策略清单反馈等。我们在教学实践中常常利用阅读笔记来评价学生阅读水平，学生每天都要记阅读笔记，课堂上关注的重点不同，他们所记下的阅读笔记也会不同。在参与反复性阅读练习时，学生就会记下自己对于阅读的新认识，从而认识到自己的优点和不足。

（七）阅读中教师应该不断提高自身素质

教师自身知识文化程度影响着学生的发展情况，教师应着眼于时代和教育发展的要求，不断更新教学观念和教学模式。英语教师作为语言文化链接者，更要注重自身素质的培养，不断丰富教学策略，英语阅读课要求教师要对自己的工作充满激情，应该把自己看作学生学习过程中的帮助者，帮助每个学生发现适合他的最有效的阅读策略。好的英语教师在阅读课上应该积极主动地教学生如何去做，要想在阅读教学中获得成功，不仅仅需要英语教师对阅读课堂窍门和技巧的掌握，更要真正理解阅读的过程。

总之，阅读在英语学习中占有非常重要的地位。因此，针对当前高校英语阅读教学中存在的种种弊端和问题，我们要采取切实有效的措施，尽快进行阅读教学改革，灵活采用教学方法和模式，注重阅读技能和策略的培养和训练，提高学生的阅读能力和水平。

(八) 合理利用教材, 适当补充教学内容

任课教师对教材的研究是必要的。研究教材可以帮助任课教师明白教材的内容, 了解教材中的重点和要点, 便于开展教学, 并且利于在教学过程中适当添加或补充学习内容, 从而更好地利用教材。

狭义的阅读教材无可挑选, 但是有几点需要注意。首先, 教材内容的适合性。优秀的教材应该能够吸引学生的注意, 引起学生阅读的兴趣。其次, 教材的可利用性。教学中的一切元素都是为了达到一定的教学目的。如果达不到教学目的再完美的教学也只是教学而不是 "教" 与 "学" 的有机组合。最后, 教材的可读性。就此而言, 可以将英语, 甚至任何语言的基础条件之一, 即词汇为例来阐释。如果一本或一套教材中的词汇等级较高, 学生往往会为了理解而查阅词典, 频繁的查阅会使学生对学习教材的兴趣大减, 同时, 在阅读的过程中频繁地查阅词典也正是提高阅读理解能力的一大障碍。反之, 如果教材过于简单, 那么学生会觉得自己漂浮在教材之上, 而长久的学习词汇量小的教材, 会很容易地给学生造成一种枯燥乏味的感觉。而如果将这二者相结合并统一, 简单在先, 难度在后, 逐渐加强教材的难易程度, 并且在教材是一套时分册拟制, 扩充教材的内容种类, 在教材中不只是有课文, 而且还有课后问题, 练习, 阅读技巧讲述和篇章巩固以及英文诗, 英文歌曲, 格言等等, 那么学生的学习兴趣会加倍提高, 学习教材也变成了学生提高水平和能力的有效途径和法宝。

此外, 知识补充是在指导讲解和学习阅读教材中所包含的知识基础之上添加与教材中相关的, 是教材中又未直接列出更深入的知识。英语语言能力提高的一个基本条件在于英语知识的积累, 学习并且拥有一定量的英语语言知识对阅读英语文章时的理解效率是有帮助的。因此, 知识补充是英语阅读教学的必要手段。

(九) 注重英语阅读教学的优先条件

英语专业阅读教学是对英语语言中阅读能力的培养和理解能力的提高。英语阅读从本质上是极为复杂的, 并且在评价学生的阅读需要和制定具有实际意义的阅读指导时需要考虑到很多方面的因素。而阅读教学的学前准备, 即阅读教学的优先条件, 是包含于整个阅读教学过程中必不可少的因素。

1. 课程教学的认知

根据课程特点, 高校英语阅读课程的教学所涉及的知识范围较为广阔, 学习难度较高。未开始学习之前, 由于学习者对此课程所知甚少或完全不了解,

在学习者心理上产生难学的不良影响。因此，在英语阅读课程的教学和学习之前需要培养学生的学习意识。此外，学习兴趣和学习动机是教学的首要。按照不同的教学内容开展教学介绍是英语阅读教学非常有效而切合实际的做法。虽然学生在学习之前也会粗略地浏览所学内容，就学生本身的普遍学习能力而言，学生个人不能够只从课前准备中充分发挥其学习积极性从而实现学习目的。因此，对于教学而言，需要设定具体教学导入的办法以实现教学的目的。

高校英语阅读教学的所有教学内容组合之后的最终目的是培养和加强学生的英语阅读理解能力。[①] 教学的总目标是通过单篇教学内容的具体讲解和学习的点滴积累而达成。单篇教学内容之间又存在着相似和相异的特点，如何把握单篇教学材料的具体特点和内容向学生讲解阐释，是英语阅读教学的关键所在。

2. 教学的预前指导

在实际教学之前，需要考虑到如何使教学和学习有秩序地进行，使学生拥有具体有效的学习策略是非常重要的。实际阅读的动机和原因可被视为阅读学习的重要因素，学生一般不能够判断在阅读过程中哪些应一带而过，哪些应注意细节，以至不能够理解全文并且会使自身的阅读观念和方式等受到教学材料的束缚，乃至根本无法阅读。教师应结合课文和学生的双方特点向学生指明阅读的动机、原因和目的。例如：学会使用某一阅读技巧，了解某种文体的特点，或是怎样识别和区分文章内所包含的信息，熟知一定的写作方法等等，在开始授课前对课程的介绍是有必要的。对英语阅读课程做出总体介绍并在教学中根据单篇课文的特点，对每一篇课文都分别加以介绍和解释是合理的做法。但是，介绍不能空泛，注意详略，要与学生形成互动。

第四节　应用语言学在高校英语阅读教学中的应用分析

一、基于应用语言学的高校英语阅读教学方法

（一）探究教学法

探究学习作为一种新颖的学习方法，是指学生在教师指导下，从问题或任

---

① 李明. 论高校英语阅读教学的焦点和策略 [J]. 邢台学院学报，2012，27（2）.

务出发，通过自主探究活动，以获得知识技能、发展能力、培养情感体验为目的的学习方式。探究的主体是学生，因为学生是英语教学的主体，同时不忽视教师的作用，因此探究学习倡导"教师主导、学生主体"① 这一基本理念。此外，探究学习以问题为导向，倡导学生通过自主探究来发现问题、解决问题。目前，很多教师已将探究教学法应用于英语阅读教学，具体包括引入、探究、解释、阐述及评价五个环节。

在引入环节，教师需要做好引导工作，将学生引入探究学习的氛围当中。探究是探究教学法的核心，在探究环节，教师可根据一定标准对学生进行分组，并布置一定的任务，让学生通过共同探究完成。需要注意的是，在学生探究的同时，教师需要充当协助者和协调者的角色，在学生遇到困难又无法解决时，提供一定的指导与帮助。解释环节主要由教师完成，包括对文章主题和具体内容的讲解。阐述环节的工作需要教师和学生协商而定，如可以对探究学习的目的进行阐述。评价环节主要涉及对整个学习过程的回顾、评价与反思，以便从中发现问题，真正在学习中有所收获。

（二）文化讨论法

文化讨论法也是英语阅读教学的重要方法。具体来说，在英语阅读教学中，教师可以适时导入文化知识，将英语文化分为若干细小的主题，定期组织全班学生针对特定的主题进行讨论，当然教师也要给予适当的指导。经过讨论和头脑风暴，学生不断积累文化背景知识，并且可以有效解决某些跨文化交际问题。不同的文化主题，学生把握和讨论的难度不同。教师首先要确定一个合适的、可以引起学生兴趣的主题，另外还要在整个讨论过程中处于支配和控制地位。随着讨论主题数量的增多，学生掌握的文化背景知识也相应地增多。所以，教师应该循序渐进地增加文化主题的难度。

二、应用语言学在高校英语阅读教学中的具体应用

虽然英美语言学文化并不像汉语或者少数民族语言那样源远流长、博大精深，但是对于非英语母语学习而言，学习英语仍然是一个比较吃力的过程。但是高校大学生而言，如果他们想要真正地掌握英语这门学科，并且达到学以致用的要求，就必须采取不一样的学习方法。一般来说，高校英语授课教师在开展英语阅读教学工作过程中，会有意识地将前面提到英语语言的形式和内在的语言规律都要传授给予学生，从而培养学生学习语言学的意识，让学生可以利

---

① 吴景惠. 精雕达理：我的教书育人手记［M］. 上海：文汇出版社，2020：55.

用业余时间来自学这部分内容，从而为后续的课堂教学奠定基础。就目前的高校英语阅读教学过程而言，"填鸭式"教育是主流，教师忽视学生课堂主体的情况比比皆是，学生缺乏学习的动力，课堂教学有效性很难得到保证。虽然这种教学方式最为常见，但是实际取得的教学效果却并不能令人满意，与素质教育的要求相悖。相反，如果教师能够打破传统的教育教学理念，融入新的教学思想，通过应用语言学来激发学生学习英语知识的兴趣显然能达到更好的效果。与一般高校大学生不同，少数民族大学生的英语知识基础相对薄弱，所以他们在英语阅读学习过程中所面临的问题更多。当然，如果教师能够将理论教学与实践教学有机结合起来，那么同样可以提高教学的效果，提升学生对当前英语阅读教学工作的有效性。例如，教师可以在课堂上创造一些特定的背景，然后选定几个学生运用相关语言知识来进行一定的互动，不仅能增加课堂的趣味性，调动学生学习英语的热情，还能促进学生对于所学知识的熟练掌握和记忆。

学习一种语言最好的方式是"应用"，在不断的实践应用中纠正自己的发音，同时提高自己的逻辑思维能力，达到熟能生巧的效果。教师就可以利用这种教学思想，通过给学生分组为学生创造更有效的互动条件，使小组成员可以围在一起，集思广益，通过大家共同的努力来解决问题，同时在用英语交流的过程中实现共赢。当然，在实际的英语阅读教学活动中，教师不仅要尽可能为学生创造出一种轻松、愉悦的学习氛围，从而激发他们的学习兴趣，同时还应该教授给学生学习英语阅读知识的技巧，帮助他们掌握英语语言学的精髓，夯实他们的英语知识基础，但后者往往很容易被高校英语教师所忽视。对于教师而言，他们同样应该对英语语言学的本质特征和应用条件有足够的了解，逐渐提高自己的教学能力，这样才能在提高自身英语语言学文化知识水平的基础上将英语语言学的精髓应用到实际的教学工作中奠定基础，才能更好地进行知识的讲解，而高校学生才能收获到良好的学习成果。在互联网时代背景下，教师要善于利用网络资源提高自身的教学能力，通过找一些英语语言学精品教学视频来加强对英语语言学的学习。与此同时，在日常教学过程中就要帮助学生养成良好的英语学习习惯，改革教学方式，摒弃传统的"填鸭式"教学模式，尊重学生课堂主体地位，培养学生的自主学习意识，以英语语言学为保障高校英语教学工作有效性的基本手段。当然，教师也可以根据学生的实际需要将英语语言学融入日常英语教学内容中，提高语言学在英语教学工作中的影响力。

应用语言学不仅能够帮助学生更深入地理解英语这门学科的特点，从而提高他们的学习效率和质量，同时还能够帮助学生积累英文文化知识，促进学生综合能力的提升。在学校英语的过程中记忆一些单词、句子结构等内容是必不可少的环节，这就需要学生必须具备一定的记忆能力，而且语言学本身就比较复杂，同样需要学生有一定的理解能力和记忆能力，这样才能夯实他们的英语知识基础。当然，记忆英语单词最好的方式并不是死记硬背，在这个过程中同样要讲究方法和策略，这样才能起到事半功倍的效果。也就是说，除了单纯靠学生的记忆能力来记忆英文单词，还可以运用其他巧妙的方法来达到记忆单词的目的。例如，英语单词的发音都具有一定的特点，有些字母的组合发音甚至是一成不变的，记忆几个单词就可以产生记忆数十个乃至数百个单词的效果，这对于提高学生记忆单词的效率和质量是非常有利的。众所周知，我们将英语单词的发音分为元音和辅音，一般来说，元音的发音方式较为简单，在发音的过程中气流不会受到呼吸道的影响。但是，辅音的发音方式却与元音有着显著的差别，在进行辅音发音时，气流在不同位置的呼吸道会受到影响。让学生亲自感受这两种音的发音方式的不同，可以得到比较深刻的记忆。学生在学校大学英语的过程中不可避免地会学习一些基本的语法和句子结构，而不同的语法或者句子结构之间或多或少都会存在一些联系，如果学生能够熟练掌握它们之间的关系，那么必然可以有效地提高学生学习语法句子结构的效率。但是要想使高校英语阅读教学工作达到这样的效果，就必须以语言学为基础，加强对学生语言学的教育，同时提高高校英语教师对语言学知识的应用能力，完善教学结构，提高语言学在高校英语阅读教学工作中的地位。

三、基于应用语言学的高校英语阅读教学提升策略

看拼读写译作为英语学习的五大主要步骤，每个步骤对会对学生英语学习产生很大的影响。在经济全球化和一带一路经济战略发展背景下，英语的重要性毋庸置疑，但不乐否认的是，虽然国内开展英语教学工作已经有很多年，很多学生的英语能力只限于应付各种各样的等级考试，比如高考、四六级英语考试等，尤其是对于非英语专业的高校大学生而言更是如此。产生这种现象的原因，一方面是应该当前高校英语教学并没有消除应试教育的影响，教师仍然习惯于采用传统的教学内容和教学方式，忽视学生课堂主体地位，教学效果往往得不到保证；另一方面，也是因为学生缺乏语言学方面的知识，在学习英语时比较机械、呆板，没有灵活性，而且由于没有置身于英语语言交流环境。

为了提高高校英语阅读教学质量，教师要从另一个角度看待阅读教学，让学生在掌握一定的英语基础知识以后，用语言学提高对英语阅读的认识。事实上，阅读并不等同于"默读"，学生要通过大声地朗读来纠正自己的发音，同时达到精读的目的，而不能再像过去那样，否则很难保证阅读的效果。教师要正确引导学生对语言学的认识，让每个学生都能意识到具备一定语言学知识基

础的必要性和重要性，养成良好的阅读习惯，善于用语言学方面的知识去分析、解读有关英语阅读方面的问题，追本溯源，找准问题的关键所在，提高阅读的效率和效果。与此同时，英语教师作为提供教育教学服务的主体，他们更应该加强对英语语言学方面知识的学习，并利用网络资源夯实自己的语言学知识基础，定期给学生推荐一些比较好的语言学方面的资料，激发学生学习语言学知识的兴趣。高校也要加强对英语语言学知识的宣传力度，完善英语阅读教学体系，让一些外教给学生深入讲解比较基础、重要而且具有实用性的语言学知识，培养学生学习语言学知识的意识，提高语言学在英语阅读教学过程中的影响力。

第八章　应用语言学与高校英语写作教学融合探究

英语写作是一门具有较强实践性的学科，体现着学生的英语交际能力和语言综合运用能力。本章首先分析了写作的心理机制与前期准备，进一步探讨了英语写作教学中的影响因素，论述了英语写作教学中的常见问题与基本方法，最后详细地阐述了应用语言学视角下的高校英语写作教学研究等相关的内容。

第一节　写作的心理机制与前期准备

一、写作的心理机制

（一）由视觉到运动觉

心理机制其实是从视觉到运动觉的过程，视觉活动则是书写训练的起点，当写作者要写作的时候会先通过观看书写规范，进而在大脑中形成对英文字母的明确印象，这个印象直接影响后续作者模仿的准确性、效率性，书写的过程就可以概括为观察—临摹—自主—熟练，模仿虽然具备鲜明的动觉型特征，可又与视觉有无法分割的联系。

（二）书写技巧动型化

由一个动作引起另一个动作的这种具有连贯性的书写技巧，我们称为书写技巧动型化，这种书写过程是自动化的，并且有起有落，达成了高度的熟练化，想掌握基本的写作，必须在这一层面达到基本的要求。动型化书写技巧的应用从字母、标点扩大到词汇句子，表现为一个字母的书写引起下一个字母的书写，一个单词的书写引起下一个单词的书写，在这个过程中不会涉及动脑想象这个字母、这个单词的拼写情况，而是一个连贯的动作，这会大大提高书写的速度。

（三）联想性的构思能力

联想性的构思，顾名思义是能够反映出人对各个事务或者现象之间关系的一种认识，如因果的关系、种属的关系、空间的关系、时间的关系、层次的关系等，是写作心理机制的关键所在，是一种具体的思维方式。无论任何文章，写作时都离不开观察、思维、想象、联想，想要增强写作者对英语上下文关联的感觉就需要这种联想性构思，也就达到了让文章中的词语、句子与题目、中心故事情节环环相扣、彼此相连，不再是单独的部分。

（四）演进式的表达技能

所谓演进式表达技能是指将思维定式、想象层次、言语连贯等融合为一体，使写作者的写作条理清晰，并且迅速。它是联想性构思能力的一种具体表现。

二、写作的前期准备

（一）找到写作的动机

1. 动机的含义

动机是推动人从事某种活动，并朝一个方向前进的内部动力①。它是一种内部心理过程，不能直接观察，但是可以通过任务选择、努力程度、活动的坚持性和言语表示等行为进行推断。而写作动机是指驱使写作者投入创作活动的内在动力，具有自发性与自觉性。它可以是为了表达自己的情感，或者是想要与别人分享自己的一些资源，抑或是希望自己的观点获得别人的支持。

2. 写作动机的作用

动机对人类的行为有着非常重要的作用，要想进行写作，先决条件是要产生动机，写作动机一旦产生，就会促进和推动写作行为的进行。具体来说，动机在写作中有以下作用。

（1）动机引发写作

一般而言，写作总是有一定目的，是由一定的动机所引起的，没有动机也就没有写作。动机是写作的原动力，它对写作这一活动起着始动作用。动机是

① 伍培，刘义军，伍姗姗. 安全心理与行为培养［M］. 武汉：华中科技大学出版社，2016：41.

需要的动态体现，所以说任何写作总是带有动机的。正是在某种或几种动机的推动下，才促使人们拿起笔进行写作。

（2）动机激励写作

动机对写作具有维持和加强作用，强化写作行为以达到目的。不同性质和强度的动机，对写作的激励作用是不同的，动机强比动机弱具有更大的激励作用。动机强度对写作活动的唤起、维持、强化和调节作用影响很大。在写作过程中，动机总是非常顽强地控制着我们按既定目标前进，激励我们完成写作。

3. 写作动机的产生与发起

（1）源于生活和知识的积累

写作动机是客观事物、社会生活在作者心理上产生的反应和影响①，促使作者在客观事物、社会生活的触发和刺激下启动构思，这是启动构思的物质基础和必然性。因此，写作离不开生活的积累。没有生活的积累当然就不会形成写作的积淀意识，更不会触发写作的灵感。写作更离不开知识的积累，我们之所以能写好一篇文章，与个人的知识内涵是密不可分的。丰富的生活经验和广博的知识不仅给作者提供了大量的写作信息，而且可以激发作者的写作欲望，充分调动作者的创造力和想象力，使文章写得更充实、准确、生动、优美。

（2）受到情绪情感的激发

当一个人被外界事物所深深感动时，就会产生对人生价值的执着追求，就会极大地激发起创作的热情和欲望，使得他不可能对眼前的问题熟视无睹，就会产生一种强烈的创作冲动，形成一种极其敏锐、活跃的创作心境，推动着作家进入创作的过程，对作品加以构思和布局。

（3）培养正确的写作动机

写作是一种个人行为，同时也是一种社会行为。因此，我们应从社会和个人两个方面去考察写作动机应具备的品格，从而培养正确的写作动机。

①社会方面

写作总是在一定的范围内对社会产生影响②。一个有道义感和社会责任感的作者总是努力使自己的作品对社会的发展和进步起到推动作用。只有这样的作者才会被社会接纳，受大众信赖。所以，要想成为一个有作为的作者，就必须时刻关注社会的发展，了解社会的需要，自觉地把社会的需要转化成自己的需要，把社会动机转化为个人动机。

---

① 文勇. 听文勇老师讲语文 [M]. 武汉：武汉大学出版社，2011：197.
② 姜涛. 大学英语写作教学理论与实践 [M]. 长春：吉林出版集团有限责任公司，2009：103.

②个人方面

写作又是一种个别劳动，每一个作者都必须对写作有一个正确的认识。写作是生活中不可缺少的一部分，人们必须像对待生活一样真诚地对待写作，人们可以将写作看成一种切己的需要，把这种切己的需要变成写作的动机。写作使人成为有存在价值的人，使人拥有了精神家园。一个人要实现自我价值，是不可能离开写作的。这个人，无论他从事什么职业，担任什么职务，经济情况和社会地位如何，他所创造的业绩、思想上的成果，最终都体现在写作上。

(二) 使用计划策略

在写作过程中，不论是完成创作，还是为了应付任务，写作者都应该有一个一般的"对策"。成功的写作者并不只是听课、做笔记和等待他人布置测查的材料。他们会预测完成写作需要多长时间，在写作前获取相关信息以及使用其他各种方法。换句话说，成功的写作者是一个积极的而不是被动的写作者。所以在写作时，作者要学会使用一些策略去评估自己的理解、预计写作时间、选择有效的计划来学习解决问题，以及如何去改正自己。此外，写作者还要能预测可能会发生什么，或者能说出什么是明智的，什么不是明智的。因此，要确保写出合格的文章，就应该事先做好充分的准备、周详的计划、合理的研究以及适当的提问。

(三) 提出写作的话题

所谓话题就是谈话的中心。学生在进行写作活动之前要先提出一个话题，用以指定写作的范围，然后根据话题的指向性来自拟题目进行写作。自拟题目可以从以下几个方面考虑去选择话题：将自己的专业知识或自身所擅长的技能讲述给他人听；在自己所处的文化背景中寻找话题；选择最让自己感动的事。例如，第一次演讲、参观文明古迹等；选择那些自己想要了解和学习的话题。例如，电脑程序编辑以现在所学的专业今后会从事哪些事业等。可以上网搜寻话题，利用网上的搜索目录寻找自己感兴趣的事。确定了话题以后就要开始寻找与话题相关的素材，对话题进行各个方面的探索，这是一种开拓性的创作活动，运用一些策略帮助回顾对话题已知的信息，并以新的视角和思路重新审视它们会有新的收获。下面是一些有效的关于展开话题的策略。

1. 头脑风暴法

头脑风暴是由美国创造学家奥斯本（Osborn）于 1939 年首次提出，是一种激发集体智慧产生和提出创新设想的思维方法。它广泛地用于创造性思维活动中，其目的是诱发一些新奇问题中许多可能的思想或解决问题方法。头脑风暴法的核心是人的创造性想象力。头脑风暴法是为了克服阻碍产生创造性方案的遵从压力的一种相对简单的方法[①]。它利用一种思想产生过程，鼓励提出任何种类的方案设计思想，同时禁止对各种方案的任何批评。用头脑风暴寻找新的素材是一个激发想法和产生信息的好方法。简单地说，就是列出所有与话题有关的内容，可以由一个想法自由联想到另一个想法。因此，所列的顺序并不重要，要让思维围绕话题宽幅扩展。要把所想到的全部都记录下来，因为我们不可能知道哪一个信息过后会变得很有价值。要快速记录，如果停顿了，可以重读已写的信息，这样会有新的思路，运用头脑风暴策略进行写作的时间至少要多于五分钟。"头脑风暴法"在写作教学中的应用有助于激励学生有创意地写作。使学生思维高度活跃，能打破常规的思维方式而产生大量创造性设想的状况。学生在讨论过程中不断产生新观点，当学生认为已经把有关这个话题的观点都想到了时，就可以编辑清单的内容，形成一个初始提纲，将其融入写作当中。

2. 环环相扣法

环环相扣法即把作者的想法像圆环一样，一环扣一环发展下去。例如，在探索话题相关素材中，作者对哪一点感兴趣，就可以针对这一点展开探索和创作，这就是一环。如果作者在这一环探索中又发现了新的感兴趣的信息，可以再对这个新的信息进行开拓和创作，这就是新的一环。这样环环相扣地发展下去会极大地丰富写作的素材和想法。环环相扣最大的特点就是：不用明显的语言标志来连缀全文，而通过文章内在的逻辑关系构思全文结构。但组成文章结构链上的每一个环节，关系必须十分紧密，不能有任何的不协调，这种形式特别适用于哲理思辨类文章。

（四）确定写作的主题

一般来说，在写作目的中已经明确了所写的方向，而后在主题句中要清楚地表明要对读者说的是什么。主题句要表述明确，如果有能力的话尽量控制在一句中。清楚明了的主题句会使读者准确理解文章所要表达的意义，而模糊不清的主题句则使人疑惑不解，所以主题句必须有明确的观点。

[①]　唐洁，麦陈耀. 管理学原理［M］. 成都：西南交通大学出版社，2015：73.

第二节　英语写作教学中的影响因素

一、英语写作教学中学生方面的影响因素

学生是教学活动的主要参与者①，其内在因素的变化会不同程度地影响写作教学的开展，对英语写作有直接影响的三个因素分别是：学生的母语写作能力、英语口语表达能力和英语表达词汇知识。学生的英语写作能力不仅受到直接因素的影响，还受到很多间接因素的影响，如英语阅读能力、英语听力能力、英语词汇表达水平等。

（一）学生的母语写作能力

学生的母语写作能力对英语写作能力有直接影响。一般来讲，汉语写作能力比较高的学生，英语写作能力也会很好。虽然英语和汉语属于不同的语系，但就写作而言，两者还是有相同之处的，汉语写作能力好的学生可以将其在母语写作中积累的经验运用到英语写作中，能力的"转移"使他们的英语作文像汉语作文一样，在篇幅长短、内容阐述及结构方面掌握得都比较恰当，其文章的可读性也比较高。而英语写作水平不高的学生，也会在一定程度上受到汉语写作水平低的影响。由于其母语写作能力不高，使其对英语写作产生畏惧感，在写作时也没有扎实的基础知识来辅助。他们的英语作文像他们的汉语作文一样，中心不突出，缺乏细节，结构缺乏完整性，如作文提出了一个观点，但是自始至终都没有表明自己的立场，在文中也没有对观点进行有力的阐述。

（二）学生的英语口语能力

英语口语能力和英语写作能力之间有着密切的联系②，口语能力的提高有助于笔头表达的提高。尽管口语和写作在心理、语言和认知等方面存在着差异，但两者仍有不少共同之处。英语口语能力和英语写作能力都属于一种交际能力，即把内在的思想感情、想法、看法、观点等，用清晰、得体、准确的语

① 徐道平，王凤娇，赵卫红．互联网时代下高校英语教学研究［M］．长春：吉林人民出版社，2019：93.
② 黄耀华．基于语料库的大学英语写作教学研究［M］．西安：西安交通大学出版社，2017：16.

言形式，向特定的信息接收者表达出来，实现成功交际的能力。两者在进行交际时都需要考虑信息接收者的知识水平、理解力、生活背景、信仰习惯和期望等因素，且两者在表达时受到语义和语法规则的支配，即语言的组织和表达必须符合正确的语法规则，并且可以传递特定的信息。因此，英语口语熟练的学生有了一定的英语交际能力，其在语言组织和语言的表达方面已经形成良好的习惯，这种能力对英语写作有着积极的促进作用，英语口语的熟练表达是英语写作的基础，其实写作也是一种表达，对于英语口语表达而言，英语写作只不过是将感情以及思想用另一种方式表示出来。

（三）学生的英语词汇表达水平

英语词汇表达水平对英语写作的直接影响大于汉语写作能力和英语口语能力对其的影响。即英语水平或英语水平的某个组成部分对英语写作能力的影响大于母语写作能力的影响。词汇是句子的组成部分，是文章的基本构成要素。写好一篇作文不仅要求拼写准确，词的用法也要正确。因此，词汇表达水平主要表现在两个方面：一个是词汇量，词汇量的不足会导致许多问题的产生，如很多学生在英语写作时表现出言之无物，词不达意等现象。表达词汇量越大，他们可写的内容也越多，文章就会越有深度，主题思想得到充分开掘和阐释的可能性也越大，文本的质量也就越高。另一个是词汇的表达能力。无论学生的母语写作水平和英语口语水平有多高，如果他没有足够的英语表达词汇，他仍然不能很好地将他的思想以书面语的形式表现出来。不少英语写作研究的结果表明，英语写作者的许多困难实际是由缺乏表达词汇造成的，如内容贫乏、词不达意、上下文不衔接、句型单调等问题。学生在英语写作过程中，常常因为找不到合适的英语词汇表达自己的思想，放弃了许多很好的有一定内容和深度的想法，转而去写那些他们认为可以用英语表达的简单思想。这也是在英语写作中大多数学生总是使用简单句阐述自己观点的一个重要原因。

（四）学生掌握的语法知识

语法是将词汇组成句子，将句子组合成篇章的语言规则。语法知识扎实的学生，在写作中对语言的组织比较熟练，且较少出现语法错误；而语法知识掌握不好的学生，其句子组织能力较弱，且语法错误频出。句子是表情达意的基本单位，句型结构、语法规则是人们组织词汇、句子进行言语表达的基础。学生在连贯的语篇写作过程中往往会出现句子结构混乱、不符合英语习惯的汉语式表达等，语法不规范是影响英语写作能力发展的另一障碍因素。因此，要提高学生的写作水平必须加强英语语法和句子结构的教学，使学生有一个扎实的语法基础。语法知识水平关系到其文章在传达信息时的准确性。

（五）学生的语篇衔接问题

语篇是由一系列语义连贯的句子和语段构成的语义整体，不仅要合乎语法，还要在语义上连贯。许多学生的作文都存在着机械地堆砌词句的现象，其结果是写出的段落或篇章条理不清晰，逻辑不严密，语义不连贯。因此在写作教学中应加强学生的语篇连贯性的训练，学生在写作中既能准确表达观点，又可以使文章形成一个有机的整体。

（六）学生写作基本技巧的认知水平

导致学生写作水平发展缓慢的另一个原因是学生缺乏有效地英语写作的基本策略。学习者应熟悉和掌握写作各个阶段的学习策略，如在准备阶段寻找话题，明确主题，根据写作目的收集与主题相关的信息整理思路、组织素材和规划文章结构；在草稿形成阶段列出提纲，起草文章，回查所写内容，适当增加新观点；在写后修改阶段则检查所写内容，如标点符号，字母大小写，加工润色语言和做某种删减和增添等，将写作的整个过程有条不紊地进行。

二、英语写作教学中教师方面的影响因素

（一）教师对写作教学目标不熟悉

在大学英语教学中，许多教师对英语写作教学的目标认识不足。英语写作的教学目标在不同的阶段有其具体的要求，在运用书面方式进行交际这个总目标下面，其实还有许多微技能细目，如提纲、写作篇章结构修改等。教师对教学目标不熟悉的主要原因是受传统写作教学观念以及传统英语课本特点的影响，传统英语课文中偏重句子层面的表达。教师在教学活动中也经常让学生用一些词进行句式写作，这样的写作过程，缺乏实践性，其语言表达没有具体的语言环境，无法实现与特定对象之间的真正交流，也无法表达真实的情感，其写作内容的空洞和语言的贫乏可想而知。教师在教学中应为学生提供具有实践意义的主题。文章的主题与学生的生活息息相关，这样不仅可以提高写作教学的实践性，而且容易引起学生的写作兴趣，有利于提高其写作水平。

（二）教师忽视学生思维能力的培养

教师在教学活动中，严重忽视写作教学中渗透对学生思维能力的培养。传统写作教学中，学生的写作练习都是偏重机械性和控制性的类型，对学生从交

流和表达意义方面，以及在谋篇布局、思路等智力层面的刺激和挑战不足。即没有引导学生进行有效的思考，没有帮助学生组织写作的内容和表达，比较少利用"真实的"生活中使用的各种语言材料进行写作练习。忽略真实的、有信息传递的观点和情感表达，使学生慢慢失去了英语写作学习的兴趣，甚至会使学生认为写作就是简单地凑句子。

（三）教师在教学过程中指导不足

教师在课堂上缺乏对写作过程的具体指导，忽视从写作过程（提纲—初稿—修改—定稿）的每一个阶段提出具体要求，无法对不同程度的学生有针对性地进行写作策略指导，如怎样根据写作目的、对象、内容、篇章结构和语言表达一步步展开。

（四）教师的教学观念陈旧且方法单一

长期以来，有不少英语教师受传统英语教学观念和教科书的影响，认为写作技能没有什么内容可教，缺乏对写作体裁的交际功能的点拨、对学生写作思路或者内容表达的引导和对学生写作难度的预测（如学生对写作的畏惧心理比较明显）。很多教师将高校英语写作教学的过程窄化为教师课堂布置作文题目，学生课外完成（不限时间、体裁）的形式。在学生上交作文之后，教师比较偏重批改词汇和语法错误，而忽视学生想要表达的思想感情，使写作教学失去其实际意义，也使得学生只关心作文分数，逐渐使写作教学脱离了发展英语写作技能的宗旨。

教师在写作教学的过程中一般都套用固有模式的方法进行教学，让学生将一些好的句子、段落以及篇章结构进行模仿。这样虽然在一定程度上可以提高学生的写作能力，但是不利于学生思想的表达，也不利于学生组织语言。这种方法教学的结果会使所有学生的写作内容大体相同，缺乏新意。

第三节　英语写作教学中的常见问题与基本方法

一、英语写作教学中的常见问题

第一，词汇量贫乏，用词单一。学生在写作过程中，通篇使用同一个单词表达相同的含义，用词缺乏转换和变化。写作用词呈现出幼稚英语和中式英语的现象。

第二，词法错误。在写作过程中，学生对于近义词和多义词缺乏了解和研究，在选词和词汇搭配上容易出现错误，同时经常将书面语与口头词汇相混淆。句式单一，缺乏多样化。学生写作当中，句式粗糙简单，通篇文章使用"主语+谓语+宾语"或"主语+系动词+表语"的句式结构，句型缺乏变化和多样性。

第三，句法错误。学生在写作过程经常出现残缺句，如缺乏谓语动词，或者是句子前后不一致，如谓语的单复数变化。

第四，语篇错误。学生的英语作文内容贫乏空洞，无任何实质内容，假大空的语篇较多。同时写作内容与主题偏离，出现跑题的现象。

第五，逻辑错误。逻辑错误主要表现为作文段落与段落之间缺乏逻辑关系，段落中的句子与句子之间也没有逻辑关系词进行有效连接，文章结构紊乱，中心不突出。

二、英语写作教学中的基本方法

（一）诊断式写作教学法

1. 诊断式教学的概念

"诊断"是医学上常用的术语，即医生认真地检查或查看病人的病症，依据诊断出的结果来确定病人的病情。"诊断式教学法"最初是美国法学院为提高教学的可操作性和实效性，从医学的临床诊断教学中得到的启迪，之后的学者开始引用"诊断式教学"作为教学方法。他们将教师的教学和医生的临床诊断进行类比，医生给患者"诊断"出问题后"对症下药"，才能达到最好的疗效。同样在写作教学中，学生可以借助某种可供操作的方式进行自我评价，准确地诊断出自己作文当中存在的问题，并在教师的帮助下找到具有针对性的策略。

英语写作诊断式教学是以医生诊视病人判断其病症的方式进行英语写作教学的诊断，即教师采取一定的方法、手段及时了解学生英语知识掌握程度，对学生英语写作学习效果做出诊断，并采取相应措施进行矫正和解救，帮助学生达成英语教学目标的一种教学形式。它能够根据学生的实际需求，有针对性地开展写作教学，大大地激发了学生的写作兴趣，提高了学生的课堂参与度。此外，通过英语写作诊断式教学，学生的英语写作成绩获得了大幅度的提升。在一定程度上，大学英语写作诊断式教学能够提升学生的语篇能力，促进学生的思维发展，提高学生的元认知写作能力和自主学习能力，提升学生的英语写作综合素养。其基本理念是教师引导诊断、师生互动参与、发现问题、解决问题、批判反思和综合分析。

2. 诊断式教学的检测方法

众所周知，专门针对大学英语写作进行的教学，较之大学英语的其他方面的教学要复杂得多。高校英语写作教学除了具有上述复杂性之外，还具有实际操作性。也就是说，高校英语写作教学必须强调学生的实际操作（写作）能力，而非仅仅掌握一些纯理论知识。因此，基于高校英语写作教学的复杂性和实际操作性，结合诊断式教学方式的个体特殊性，教师们可通过下列检测方法对大学英语写作的诊断式教学进行有效检测。

（1）课堂观察法

采用课堂观察法对诊断式教学的效果进行检测，主要是基于课堂教学是一种师生间的教学互动行为，师生在教学互动过程中会以一定外显的行为动作表现出来。例如，通过教学诊断发现了教学中客观存在的一些问题，然后通过对教学进程的调整使之得到有效解决。这一个过程很可能就会在教师或学生的前后行为的变化中反映出来。显然，由于教学诊断而带来的学生的变化，是可以通过课堂观察发现的，通过课堂观察还能发现很多更为具体的教学行为的变化。这种非常直观的检测方式所带来的最大好处就是检测起来方便、容易操作，而且获得的信息真实，但是其不足之处是，检测者必须深入课堂进行现场取证，而且由于课堂教学的复杂性，对观察者悉心观察的能力提出了较高的要求。

（2）作业测试法

在大学英语写作诊断式教学的教学诊断过程中，通过以作业形式进行检测的方法是教师常用的方法。该方法操作起来简单、方便，而且还能直接反映出教学过程中存在的基本问题，尤其是当教师意欲了解学生对当前教学内容的掌握情况时，作业测试法更有效。因此，作业测试法经常被教师们用来检测学生的学习情况，从而为教师有效把握教学进度提供宝贵信息。然而，作业测试法之所以能够被广泛使用，除了操作简单、方便之外，还有就是它能不受时间的限制。也就是说，教师可以通过随堂提问的方式在课堂中进行检测，也可以在课后以作业的形式进行检测。作业测试法也有几个必须注意的关键问题：一是教师所设计的问题或作业难度必须适中，问题太难，不能反映学生的整体水平，问题太简单了也不足以真实地反映学生的水平，尤其是不能反映出学生之间的水平差异；二是教师所涉及的问题必须明确，不能存在歧义，不然由于学生的个体化理解而容易导致偏离预期目的；三是教师对课堂提问或作业安排都必须持认真的态度，所有的作业不能流于形式，否则，一方面容易使教师失信于学生，另一方面也容易导致学生误以为作业不重要而应付了之，从而影响教师对整个教学进程的准确判断；四是教师对学生所回答的内容的评判一定要公正客观，不能带有个人情绪，不然同样会影响教师对整个教学情况的准确把握。可见，教师在运用作业测试法进行教学诊断时，必须精心设计作业内容（或进行提问设计），以便能真实有效地帮助教师发现教学过程中存在的有待进一步改进的问题。

（3）自我报告法

在大学英语教学过程中，教师通过学生的自我报告进行教学诊断也是一种好方法。该方法得以成立的逻辑基础是：一方面学生自己是最清楚自己需要什么，另一方面有些时候教师在使用一些外在的检测工具时，难免由于检测工具本身的缺陷而难以将教学中的问题（尤其是学生群体所存在的问题）真实地反映出来。因此，自我报告法能够在一定程度上弥补一些外在的较为客观的检测工具的不足，尤其是一些不可量化的教学现象，采取自我报告法有着很好的效果。自我报告法的方式比较灵活、随意，学生可以选择适合自己的方式进行表达，使学生在不受外在压力的情况下真实地反馈自己的学习情况，为教师做出教学判断提供有效性依据。当然，自我报告法同样也存在一些缺陷，如可能因为不受限制，而使学生反馈诸多无用信息，也可能会受学生强烈的主观因素的影响而偏离教学实际等。这就需要教师在教学过程中，通过多种检测工具的综合运用来克服检测本身的不足，从而更加真实地反映出教学过程中的问题，有效提高教学质量和教学水平。

（4）作品展示法

作品展示法是通过对学生的教学成果进行分析和研究，从而判断学生的真实学习情况的方法。该方法与作业测试法有点相似，但又不完全相同。在作业测试法中，关键在于教师设计的承载有效问题的作业，其问题设计的质量直接决定效果的优良，而作品展示法则侧重于通过学生就某个主题进行自主性的表达，使其写作技能和写作思维在写作作品中展现出来。例如，在高校英语写作教学中，教师可以要求学生随便就某个主题以英语的方式表达出来，这既能反映出学生对词汇、语句的掌握情况，又能反映学生组织内容结构的思维过程。因此，作品展示法能够较为真实地反映出大学英语写作的综合性（综合运用各种写作技能）特征。然而，在运用作品展示法的过程中，教师自己的写作能力和素养也是其中最为关键的要素。因为，学生精心写成的英语写作作品，需要教师运用各种知识进行综合的评价和判断。假如教师不具有较高的写作能力和素养，那么学生提交的即使是一篇相当精彩的写作作品，也不容易被教师发现；或者说，可能会误将一篇结构凌乱，且词汇容量繁多的写作作品当成优秀作业，从而掩盖了学生真正存在的问题。因此，若要使用作品展示法进行教学诊断，教师不仅需要不断提升自己的英语写作能力和素养，还应认真阅读、分析和研究学生的写作作品，以便能真实地反映出学生的学习问题，从而更好地为提高教学质量服务。

（二）过程写作教学法

1. 过程写作法的含义

过程写作法是近年来教育界与语言学界对英语写作进行的探索，是很具影响力的写作教学方法。作为认知语言学的一个层面，过程写作法在西方的写作教学中很受欢迎，它的灵感来源于交际语言教学。它认为写作的本质实际上是一个心理认知的过程、思维的创作与整合的过程和社会交互的过程，而这些过程是一个循环往复的有机整体。"作者通过写作过程的一系列认知活动、交互活动，提高其认知能力、交互能力和书面表达能力"[①]。写作并不是单纯的写作，而是与自身、与生活、与社会紧密联系在一起的一项有目的、有计划、有意义的认知过程。此外，过程写作教学方法还强调，写作学习是一个不断渐进的过程，教学的侧重点应由传统的重视词汇、语法、篇章结构，向关注写作内容和写作过程转变。这种教学方法无论对以英语为母语的写作教学，还是以英语为非母语的写作教学都产生了巨大的影响。在我国专业英语写作教学中，该方法引进与消化更是起到了举足轻重的作用。

2. 过程写作法的具体步骤

（1）明确教学内容与成绩统计的形式

通常，叙议结合的命题作文、非命题作文以及应用文是过程写作教学的主要内容，此外还包含诸如自由写作、语篇练习、课堂日记等。每个学写作课的内容应在学期初向学生进行展示，以使学生对全部内容有一个大致的了解，做到心中有数。同时，还应明确成绩的统计方式。过程写作教学法的成绩统计方式是：平时成绩占英语成绩的80%，试卷成绩只占英语成绩的20%。学生在平时的写作中更多地发挥自己的主观能动性，将提高英语写作的过程重视起来，这样提高写作能力就变得简单而轻松。

（2）过程写作的三个具体阶段

①准备阶段

准备阶段主要是个人构思，个人构思需要就作文题目进行深入了解和理清思路，需要自由联想或是集思广益。个人构思的形式主要有以下三种：

---

① 支永碧，王永祥. 外语教学行动研究与教师专业发展 [M]. 苏州：苏州大学出版社，2011：63.

第一种，自由写作。自由写作是指设定一段时间，语法、文字等内容可不做考虑，尽可能地少思考而多写。这种写作形式可有效克服心中有想法但不知如何落笔的思维阻滞障碍。

第二种，思路图。思路图相当于列提纲，具体做法是把作文题目写在一张空白纸上，由作文题目想到的一些关键词迅速记在空白纸上，这些关键词可以是几个简单的词汇或句子，也可以是几个字或短语。思路图的好处是帮助学生记录关键词，方便后期整理成篇，同时，这些关键词所传达出的信息正是文章的主题，对把握文章主题也有很大帮助。思路图还需要再整理一遍，把这些词联系起来使得整体上逻辑清晰，便于写作主题的拓展。

第三种，启发。启发是指当学生无话可写时，让学生回答一些问题来启发他们的思维。

②起草阶段

作文的起草阶段主要由以下内容构成：范文的阅读借鉴；各类写作知识和方法的学习；作文草稿的写作与修改；学生相互之间的评论与借鉴。

首先，教师应引导学生学习一定数量的优秀范文。所学习的范文既可以是完整的文章，也可以是文章中的一个语篇。

其次，教师要引导学生学习各种写作知识和方法。各类学习知识和方法具体包括：通过各种媒体（如书籍、杂志、网络等）引用参考资料；段落的构成方法；变换措辞（避免文章语言重复使用的一种方法）。上述知识并非教师一次性逐条地向学生讲解，而是在各篇作文的写作过程中分开讲解和练习的，只有这样才能使学生学以致用。

再次，对作文进行反复的修改，至少应完成1~2篇草稿。对于我国学生向言，英语写作是第二语言的写作，因此教师应鼓励学生在草拟时忽视语言的准确性，将重点放在文章的内容表达和文章整体结构上。

最后，学生相互之间点评和借鉴文章。一个班级中学生的写作水平常表现出不同的等级，学生文章间的相互点评和借鉴可使写作水平较差的学生学到写好文章的方法和技巧，也可以使他们看到自己的不足之处，明确以后努力的方向。

③修改整理阶段

这一阶段是教师审阅最后的修订稿阶段，此时教师才可对学生文章的语法用词进行批改。这一阶段，教师的评语也应由之前的建设性的评语改为评判性的评语。学生也应对教师的评语和修改意见有所反应，也就是学生要依据教师修改意见对文章进行全面的修改，包括对语法、词汇、拼写、标点、大小写、句子结构、语言表达形式的修改。修改的方式也不相同，可以是学生个人进行修改，也可以小组的形式进行修改，最后再交给教师，教师对学生个人或集体修改过的初稿进行审评。很显然，通过修改，学生的认知能力、思维能力、监控能力和书面表达能力都有效地得到了提高，它真正体现了在写作过程中学习写作的教学原则。

（三）集体讨论写作教学法

1. 集体讨论写作法的含义

集体讨论的方法，就是听取众多观点，集体讨论是采用多种路径进行讨论的活动。它可以全班一起进行，也可以分小组进行。在集体讨论过程中，学生可以提出在写作过程中遇到的困难，寻求教师和同学的帮助，也可以提出自己的写作构思。

2. 集体讨论法的具体步骤

（1）写提纲

写提纲是写作过程中十分重要的一个环节。具体来讲，学生依据自己现有的知识结构，确定题材、弄清主题、确定写作目的，就可以集中思考、进行提纲的写作。提纲要简洁清晰，以便于学生整理思路，合理组织文章。

（2）词汇收集与构思

词汇收集就是教师通过写作主题帮助学生想到或输出与作文主题相关的词语，并将这些词语通过图形的方式直接展示给学生。学生看到这些图形会进行自由的联想，从而有更多的思路来确定主题和获取更多的写作方法。以上是写作的准备阶段，准备工作完成时，学生需要将构思图交到老师手中。老师要认真地看每位同学的构思图，需要注意的不仅是作文话题的最终结果，还要关注学生提纲形成的这一过程。因为相对于结果来说，形成提纲的过程更能体现出学生的思维能力与创造能力，教师在看到新奇的想法时要适时进行鼓励，总体评价要以建设性、鼓励性的评语为主，多些包容，少些批判。

（3）起草阶段

作文的起草阶段主要由范文的写作灵感、各类写作知识和技巧的学习、作文草稿的设计与更改、学生之间的相互评论与学习等四个方面的内容构成。

首先，范文参考。教师应提供一些范文以供学生借鉴和参考。范文可以是一个片段，也可以是整篇文章。

其次，方法指导。教师要引导学生学习各种写作知识和方法。各中写作知识和方法主要指的是运用各种媒体像图书、杂志、计算机等；可以征引一些参考资料；设计段落的结构；需要反复言说的词语适当变换措辞。这些写作知识和方法不需要老师逐一进行讲解，而是在写作的过程中分开进行讲解。这样写作时就不容易出现概念混乱，学生写作时也有了针对性。

再次，角色修改。好的作文需要进行反复的修改才能成功，要鼓励学生打草稿。对于我国学生而言，英语写作是第二语言的写作，教师应鼓励学生在草拟时忽视语言的准确性，将重点放在文章的内容表达和整体结构上。

最后，点评与鉴赏。学生相互之间点评和借鉴文章。一个班级中学生的写作水平常表现出不同的等级，学生的相互点评和借鉴可使写作水平较差的学生学到写好文章的方法和技巧，也可以使他们看到自己的不足之处，明确以后努力的方向。

（4）教师评阅与订稿阶段

这是教师审阅最后的修订稿阶段，此时教师才可对学生文章的语法用词进行批改。教师的评语应由之前的建设性的评语改为评判性的评语。学生应对教师的评语和修改意见有所反应，即依据教师修改意见对文章进行全面的修改，包括对语法、词汇、拼写、标点、大小写、句子结构、语言表达形式的修改。修改时可以让学生自己进行修改，也可以以小组为单位进行修改，交给老师后，老师再在修改的基础上进行点评。在这一过程中，学生在认知、思维、监控和书面表达方面的能力都有了显著提高，真正体现了学习写作过程中循序渐进的教学原则。

第四节　应用语言学视角下的高校英语写作教学研究

一、应用语言学对高校英语写作教学的作用

（一）激发学生的内在学习动力

应用语言学理论更注重英语写作技巧的实用性，这也与大学生希望掌握实用知识、提升就业竞争力的需求十分相符。教师在应用语言学理论的指导下开展的写作教学活动更符合学生的学习心理，能使学生英语写作学习的方向更明确，使其学习更加积极，提升其学习内动力，改善英语写作学习效果。

（二）提高学生的自主学习能力

在应用语言学指导下，教师可以对学生的学习过程有更全面、客观的引导、监督及评价，能在增强学生认知能力的同时，提升其学习自信心，使学生

在英语写作课堂上不仅获得知识，而且可以进一步发展思辨能力、探究能力及创新能力。

（三）不断创新英语写作教学

教师灵活运用应用语言学理论，可以优化高校英语写作教学的各个环节，提高学生的英语写作学习效率。教师可以在应用语言学理论的指导下为学生创设相对真实的语言学习环境。应用语言学理论认为，真实的语言环境是培养学生灵活、准确应用英语能力的必要因素。因此，教师要采用多种方法，尽量为学生提供更加真实的语言环境，在夯实学生英语基础的同时，鼓励学生探索、发现新知识。在应用语言学理论指导下，教师要转变教学理念，改变教学方式，将引导者角色的作用充分发挥出来，为学生营造宽松、和谐的英语写作课堂教学氛围，充分激发学生的学习兴趣；及时、准确了解学生的实际需求，激发其学习英语的热情，引导学生主动探索、独立思考，通过和谐学习氛围的熏陶提升英语写作教学的效率及效果。

二、基于应用语言学的高校英语写作教学的原则

（一）以具体的写作教学内容为基础开展教学

高校英语写作教学必须以具体的教学内容为基础。语言的应用需要有具体的写作教学情境，脱离具体的写作内容进行单独训练不仅无法实现教学目标，而且忽略了英语写作的实用性。因此，在具体教学中，教师要立足于具体的写作教学内容，引导学生通过写作训练强化认知，加深对英语写作技巧、英语理论知识的理解与掌握。具体教学可以从单词、短句入手，帮助学生打下扎实的写作基础，通过关键词、短语写作、习惯用语及句子结构的训练等，提高学生应用英语进行遣词造句的能力，并提高学生的英语写作效率。日常教学中还可以采用问答写作法，即提前针对课堂写作话题设计相关问题，由学生回答问题。将这些问题、答案串联起来，就能够形成一篇完整的文章。对学生来说，这种方法降低了英语写作的难度，并能引导学生进行独立思考，提高其解决问题的能力。此外，教师还可以引导学生采用归纳大意写作法，在阅读到优秀的英语文章时，自觉养成归纳段落大意的好习惯，分析作者的写作意图，思考语篇中各个段落之间的联系，深入理解优秀的英语语篇写作技巧，并进行模仿性写作训练。

（二）基于学生原有知识和经验进行写作教学

在信息加工理论中，学生的认知对整个信息加工的过程起到决定性作用。在应用语言学视角下，学生对大学英语写作的认知更倾向于实用性，而学生原有的知识经验又会对其认知产生重要影响，因此高校英语写作教学要以学生原有的知识经验为基础。学生对英语知识的认知越清晰，掌握的英语写作知识越丰富，原有的英语写作知识背景越广博、深厚，其英语写作水平就越高。英语教师要认识到，学生英语书面表达能力的提升是一个长期且需要持之以恒的过程。英语写作教学要充分调动学生原有的知识经验，通过对以往知识的灵活运用提升英语写作能力，并注重后续对英语知识的积累，鼓励学生加大英语语篇材料的阅读量。只有学生获得了可理解性输入，才能有效积累知识，提升自身的语言应用能力。

（三）教师要充分了解学生的学习需求

在高校英语写作教学中，学生仅仅记住教师在课堂上讲授的写作技巧、理论知识，并不能保证其写作水平的提升。学生需要积极、主动投入学习过程，只有真正理解教师所讲的写作方法，并接受这些理论、方法，才能改变信息加工的过程，从而使写作能力得到提升。因此，在高校英语写作教学中，教师要与学生进行积极、主动的沟通，增加师生之间的互动，了解学生的实际学习需求。同时，学生也要及时给予教师反馈。整个过程中，教师以了解学生认知能力及学习需要为基础，动态调整写作教学目标，学生则需要不断激发自身的学习内动力，真正提升学生的英语写作的积极性，充分发挥学生的主观能动性。

三、基于应用语言学的高校英语写作教学策略

（一）建构真实的语言素材

高校英语写作教学的最终目的是提升学生的英语交际能力，因此大学英语教师要注重话题的生活性与真实性，建构真实的语言素材，进一步激发学生陈述观点、与他人进行交流的动机。在具体教学过程中，教师不仅要尽量选择涉及范围广的话题，并在课堂上构建较为真实的语言环境，还可以通过辅助手段帮助学生对话题形成更加感性的认知。例如，通过视频、图片等呈现话题，尽量避免主观性的暗示或引导，只需向学生展示话题材料即可。这样既能保证向学生呈现写作素材的生动性、形象性，又能保证素材的客观性，为学生思辨能力的培养打下基础。此外，教师可以引导学生掌握话题分类、搜集素材的方

法，运用科学的素材整理方法积累观点，进行更有效的素材建构，保证英语写作中有话可说，为后续的逻辑分析与论述打下基础。

（二）使学生形成英语写作思维

正确的英语写作方式是学生正确解读问题、对论点论据进行归纳的基础，但是学生的中式思维会对其英语写作产生影响，干扰其正常写作。由相关理论可知，中文篇章主题通常采用迂回法进行阐述，段落组织呈螺旋式，而英语语言的思维模式则主要呈直线型，因此中国学生在学习英语写作时会习惯性将中文想法机械地翻译成英文，忽略英语本身固有的句子结构形式、措辞特点。因此，在英语写作教学中，教师要帮助学生规避中式思维所带来的干扰。在学习过程中，学生要打好语法基础，避免多谓语、主谓不一致、时态乱用等问题，保证句子输出的正确性，减少中式英语的表达。在使用词句时，教师要引导学生多积累可以主动输出的、有效的积极词汇，丰富词汇量，注重同义词汇的表达；采用多样化句式，交替使用复合句、倒装句、并列句等句型，通过文章体现出学生灵活驾驭语言的能力。此外，为了增加文章的流畅性与逻辑性，写作时教师可以让学生多使用连接词及逻辑关系类词汇。词汇与内容是体现文章连贯性的重要方面，而内容则注意论点及论据阐述时前后是否有紧密的逻辑关系，谋篇布局应注意英文开门见山表达思路的写作特点，主题句要放在段首，以概括全篇论点，后面段落再分别论述不同论据，并列举对应事例，同时要注意论点、论据与事例的关系。

（三）教师采用多样化的教学方法

在英语写作课堂教学过程中，英语教师要有意识地采用多样化的教学方法。首先，将英语写作技巧融入课文讲解中。大学英语教材中选择的语篇都是经典之作，这些文章本身就是很好的写作范例，因此教师可以在课文讲解中融入写作技巧及知识的讲解，提高学生的阅读理解能力、语篇分析能力，教授他们如何展开主题，或者组合段落时如何正确运用关联词等。其次，要精讲主题句的写法。上文中提到，英语写作呈现出线性思维的特点，而在线性思维模式中，一个合理的段落一定会有一个明确的主题句。英语写作中主题句的好坏会对文章的整体质量产生重要影响，因此教师要抓住高校英语写作教学中的主要矛盾，对主题句的写作方法进行精讲。写作主题句需要注意体现概括性，尽量直入主题，避免拖泥带水。最后，借鉴典型语篇框架，进行仿写。无论是汉语还是英语，写作的学习都是从模仿典型范文开始，尤其是英语写作需要面临中西思维的差异及篇章结构的不同，更有必要加强对经典语篇的仿写训练。中国学生学习英语写作，需要了解英语文化的思维模式，而教师要精选规范的语篇进行分析，讲解英语语篇结构与汉语的区别，以增强学生对英语的语感。

（四）转变学生参与英语写作学习的思路

在高校英语写作教学，不仅需要英语教师适应现有的理论教学体系，还需要学生对英语写作教学的模式有一种参与态度。在应用语言学的指导下，教师要在英语写作教学过程中有意识地"隐匿"自身的主导作用，即不再沿用传统教学模式中知识灌输的方法，而是充分尊重学生的主体地位，只需要在适当的时机引导学生进入应用语言学的习得范围即可。此外，教师还要加大对应用语言学的学习及应用，将应用语言学的概念细化到英语写作教学中。例如，在写作新课教学过程中，学生需要接触大量的基础英语引申内容，如商务公函的写作等。此时，教师就要转变学生参与英语写作学习的思路。虽然在大学阶段，大部分学生的思维模式、思维逻辑已经成型，但是兴趣也是其参与英语写作学习的重要因素，因此教师要将兴趣教学的优势充分发挥出来。现代信息技术的发展为学生的学习提供了丰富的渠道，网络教学、网上考核等新兴的教学手段更契合大学生的学习心理，因此教师可以利用网络技术、多媒体技术提升英语写作教学的有效性，鼓励学生应用移动终端的英语学习软件积累应用知识、词汇量等，再为学生布置命题作文作业，学生在线提交，教师在线批改、考核，在整个过程中充分体现学生的自主性。

第九章 应用语言学与高校英语翻译教学融合探究

随着现阶段世界经济日益增强的全球化发展趋势，国家间的交流沟通和合作也日渐密切起来，英语作为国际语言，是国家间进行对外交流的桥梁。大学英语翻译作为大学英语教学的一个很重要的构成部分，但由于受到教学体制和传统教学模式等等因素的影响作用，致使出现了大学英语翻译教学中教学方法陈旧和课程设置不合理等等的问题。因此对大学英语翻译教学进行改革刻不容缓。本章旨在寻找应用语言学与高校英语翻译教学融合的桥梁，并简要叙述高校英语翻译教学现状及影响因素。

第一节 翻译的要求与标准

一、翻译的要求

随着改革开放政策的日益深化，中外交流日益广泛，翻译工作也显得日益重要。那么，何谓翻译？所谓翻译就是把一种语言所包括的思想、所表达的内容以及所隐含的意义用另一种语言恰如其分地、妥善完整地重新表达出来。与此同时，还需克服时空、文化背景等方面因差异带来的诸多困难。翻译要尊重原著，忠实于作者，贴切地展现其立意和首创性，以求一个"信"字：保持原著风格，体现不同作者、不同体裁的特性，以求一个"达"字；吃透原著，不断地对两种语言进行对比、切换，注意其异同性，提高自身的文化修养，以求一个"雅"字。[①]

[①] 刘爱玲，魏冰，吴继. 英语语言学与英语翻译理论研究 [M]. 长春：吉林出版集团股份有限公司，2020：79.

翻译是一种极其古老的人类活动形式，在人类历史上刚刚形成一些语言不同的集团时，就出现了"双语人"，帮助语言不同的集体之间进行交往。翻译从一开始就执行了极其重要的社会功能，使人们的语言交往成为可能。不管当今的翻译理论如何繁多、精彩纷呈、令人目不暇接，也不管今后的翻译如何发展、如何充满层出不穷的新术语，抑或引进多少令人炫目的新系统、新模式，都要始终坚持这十二个字，用它们来指导人们的翻译教学、实践与理论研究。

随着文字的产生，除了这些做口译的人外，又出现了笔译工作者，他们翻译各种官方的和商业的文件。笔译的推广使人们能够广泛地了解其他民族的文化成就，使不同民族的文学和文化能够互相作用、互相丰富。翻译在许多民族语言和文学的形成和发展中也起了重要作用，某类作品的出现往往以翻译为先导。众所周知，翻译是一门矛盾或问题最多最复杂的学科，这是因为：

（1）翻译范畴的不确定性。

（2）翻译体裁的多样性。

（3）翻译内容的广泛性。

（4）翻译主体对客体理解的差异性。

（5）翻译者时空位置的变化性。

（6）译文读者口味要求的不同性等。

诸多变化不定的因素，决定了翻译是一门跨学科、跨文化的综合学科。翻译作品介绍了新的语言形式和文学形式，培养了广大读者。西欧各国的语言和文学在很多方面应归功于古典作品的翻译，翻译在古代俄罗斯文学中占有重要地位，在亚美尼亚、格鲁吉亚，以及其他许多民族文学的形成过程中起了重要作用。它涉及哲学（翻译学的指导学科）、语言学、符号学（翻译学的两大主要基础学科）、心理学、文化学、文艺学、美学、社会学、人类学、系统论、信息论等（翻译学的重要基础学科）。翻译对东方的印度、中国，以及亚洲其他国家文化发展也具有重大贡献。

翻译是人类社会发展到一定阶段产生的一种必不可少的语言中介手段，它是一种社会现象，是一种语际交际，即把一种语言话语转换为另一种语言话语的行为。因此，翻译所提出的问题，所遇到的矛盾，往往是多领域、多方位、多层次的。这就是为什么有的学科可以列举出很多定理、公式，而翻译中的几乎每一个重大问题都存在争论、分歧，长期得不到解决，始终没有一个"放之四海而皆准"的"翻译模式"被世人普遍接受与认同。但并不是任何语际转换都是翻译。也就是说，翻译或语际转换必须严格控制在一定范围之内，超出这个范围，就不能称其为翻译了。既然是翻译，那么在译语话语替换原语话语时必须保留某些不变的东西，保留的程度决定译文和原文的等值程度有关，而翻译的目的是尽可能使不懂原文的读者了解原文的内容。翻译应当忠实而完整地用另外一种语言的手段传达原文语言手段表达的东西（内容）。在翻译途中，陷阱遍布：语言陷阱、文化陷阱、历史陷阱等；稍有不慎，就会陷入其中，出现译文有悖原文的错误。并且常常会遇到"剪不断，理还乱"的各种关系与矛盾。这些关系与矛盾表达得确切与完整是翻译同改写、转述或简述等的区别所在。但是，保持原文表达的内容只是相对而言，在语际转换中不可避免地会有所损失。译文绝不可能与原文百分之百地等值，只能争取尽可能地等值，争取把损失减少到最小。

译者应当客观地表现原文，选择忠实解释原文所必需的、相应的译文表达手段。大而言之有：科学性与艺术性、可译性与不可译性、主体与客体、忠实性与创造性、原作风格与译文风格、直译与意译、形似与神似、异化与归化、等值与超越、语言与文化等；尤其是在翻译文学作品时，需要用另外一种文化语言氛围替代原文，而且要发挥译者的再创作能力。小而言之有：如何再现原文风格之藏与露、曲与直、疏与密、淡与浓、文与质，再现原文句式或表达方式之急与缓、短与长、强与弱、行与歇、纵与横、点与面，以及翻译技巧之增与减、顺与逆、分与合、正与反、抽象与具体、主动与被动等。语言在翻译中的作用和它在社会生活中一向所起的作用一样，它也是人类交往的最重要手段。因此，在翻译中用另外一种语言表达原作的思想时，必须使译文翻译全面、明确、真实，必须使译文符合译语规范。对于翻译中的诸多矛盾，古今中外的译论均有论述，但由于论者所取的立场与角度不同，或所涉及的翻译客体性质有别，或所处的语言、文化环境及时空位置不一，更重要的是，由于论者所持的世界观、认识论不同，往往造成对同一个问题的看法不一致，乃至相互对立、各执一词而互不相让。原作的内容同原作语言的形式有直接联系。翻译中必须突破原文和译文的语言单位在表达方面，即形式上的不同，以求得它们在内容上的一致。

翻译过程必然要分为两个阶段。为了进行翻译，首先必须透彻地理解原作，然后进一步在译语中寻找相应的表达手段（词、词组、语法手段）。自觉工作的译者，在任何条件下，都不可能在选择语言手段时持无所谓的态度。翻译本身的任务是客观地反映原作，它要求从正确诠释原作的角度选择相应的语言手段。国外的语言学派与文艺学派之争、国内的直译派与意译派之争，都是旷日持久、人人皆知的。要正确解决这些争论与矛盾，必须运用唯物辩证法。也就是说，要把翻译中所遇到的作者、译者、读者之间以及内容、形式，风格之间所引发出来的各种矛盾，看作对立与统一作用与反作用、制约与反制约、互动与互补、相对稳定与不断发展的关系。翻译是一种言语活动，这就决定了在翻译过程中语言起决定性作用。但是在翻译过程中起作用的不仅仅是语言，还有超语言，它首先表现在能够揭示多义的语言单位，包括词汇意义和语法意义。在翻译过程中，由于译语具有与原语不同的文化背景，因而，交际层次和话语层次都可能产生两种文化的差异和冲突。明确这一点对于全面理解翻译的实质是十分必要的，其中包括关于周围世界的知识和关于客观现实的知识。这些知识对于解释言语产物也起着很重要的作用，有时甚至起着比语言更大的作用。译界中的许多争论，很难说哪一方绝对正确，哪一方绝对错误，也很难说中西译论孰优孰劣；它们各有所长，亦各有所短，各有其真知灼见，亦各有其局限性。正确的态度应该是互相吸收、取长补短、彼此融合，即所谓"兼容并蓄""统筹兼顾"，用一种相对的而非绝对的、唯物的而非唯心的、发展的而非凝固的观点，对具体问题进行具体分析。不论是中国的传统译论，还是引进的外国译论，也都要运用辩证法进行正确分析。不同的翻译意图形成了不同的译文，这样的事例并不鲜见。这也属于翻译的非语言方面。

谈到外国译论，有人乐于称道的是它们的"科学性"，说它们有着"坚实的学科基础"。言下之意是"中国的传统译论缺乏科学性"，全是些没有上升为理论的"经验之谈""登不得大雅之堂"，羞于同立于世界译论之林。殊不知，翻译的指导学科乃是哲学，要考察某种译论是否具有科学性，首先就得看它是否运用唯物辩证法的哲学观点来研究翻译，同时是否把对翻译问题的认识上升到哲学高度。

应当把翻译的定义与对翻译质量的要求区别开来，这两者属于不同的范畴。"忠实""全面""等值"等是对翻译质量的要求，把它们纳入"翻译的定义"未必妥当。翻译哲学应是以辩证唯物主义与历史唯物主义为指针的认识与实践的哲学，是世界观与方法论相统一、唯物论与辩证论相统一、认识论与价值论相统一、决定论与选择论相统一的翻译哲学。因为存在各式各样的翻译：有全译，有节译；有意译，有直译；有优质翻译，有劣质翻译等。初学翻译的人，其翻译质量未必都能"忠实""全面""等值"，但终归是翻译。其次，应当把"翻译的定义"与"翻译理论研究"的重点区别开来。说我国传统译论缺乏系统性尚可，因为至今的确难以找到几部囊括翻译中的所有问题、从各相关学科全面探讨翻译的系统著作；话语的翻译可以是翻译理论研究的重点，但翻译的对象并不仅限于话语。因为，那些长期以来对汉外互译实践有着实际指导意义的传统译论，几乎都闪耀着唯物辩证法的哲学思想光辉，而这正是它们科学性的集中体现和经久不衰的魅力所在。

二、翻译的标准

翻译标准的制定是以翻译实践为基础的，它是翻译理论与实践的最重要的问题。[①] 所谓标准，指的是衡量事物的准则。翻译标准指的是用来评判、指导翻译实践的准则，它必须具有科学性、可行性和实用性。所谓科学性，是指翻译标准必须合乎逻辑，经得起推敲，能用于检验翻译实践，对翻译实践具有普遍的指导意义；可行性的意思是翻译标准必须符合实际，有可操作性，标准不能定得过高，否则该标准就不成其为标准，而只能是翻译的理想境界；实用性的意思是翻译标准必须能用于指导翻译实践，不能太理论化，能用于衡量翻译的质量。

在翻译学科中，翻译标准是重要的组成部分。人类所从事的一些高级活动需要标准以指导人们的行为。翻译也不例外，翻译不能没有标准，否则，翻译作品会出现紊乱现象，其道理很简单，就像产品的制造，标准不同，生产出来的产品自然就不一样。不过，由于消费者的需求不同，我们可以制定完全不同的标准用于生产不同的产品。翻译不同于产品的制造，翻译是把一种语言文字所承载的语义信息、风格信息及文化信息在译入语中完美地再现的创造性活动，任何种类的翻译都是如此。

翻译标准的制定是以翻译实践为基础的。翻译标准是翻译人员从事翻译实践时所追求的目标，是翻译的最高境界。能否达到这种境界取决于翻译人员的翻译水平。严格地说，能真正达到翻译标准并非易事。尽管如此，好的译作仍然存在。标准是人们在工作实践中做事和行为的准则，是人们把握方向的根本，对于翻译者而言，尽管在从事翻译工作时，表面好像没有什么可以遵循的标准，但是在他或她的心目中总是存在一个指导其进行英语翻译的标准。

第二节　英语翻译教学的现状及影响因素

一、英语翻译教学现状

(一) 教学目标方面

教学目标定位是大学英语翻译教学的首要环节。关于教学目标的定位即确

---

① 赵一蕊. 浅议商务英语翻译标准 [J]. 科技展望, 2015 (29).

定大学英语翻译教学所要达到的目标或者说教学活动的意图是什么。然而在大学英语翻译教学目标方面存在一些问题。

1. 在翻译教学目标定位上过分关注认知、技能等目标，大学英语翻译教学对于过程等目标重视不够

高等学校课程改革要体现出三维目标："知识与技能""过程与方法""情感、态度及价值观"。"知识与技能"目标就是过去的"双基"目标，是学生对知识的掌握和能力提高的目标，是最基本的目标。"过程与方法"目标也就是学生获取知识掌握技能的程序、门路、措施等，是高等学校课程目标体系中重要的组成部分，有效实现此目标，可以使学生受益终生。"情感、态度、价值观"实际上就是判断事物好坏和行为的标准。"情感、态度、价值观"目标是做人、做事的目标。正确理解三维目标之间的关系，是有效实现三维目标的前提条件。

大学英语在翻译教学目标定位上过分关注认知、技能等目标，对于过程与方法、情感、态度等目标重视不够。学生对大学英语翻译教学的概念和目标非常模糊，一些学生表示出对翻译学习的兴趣但是却不知道为什么学，从教师对大学英语翻译教学的目标理解来看他们更多地把翻译当作语言教学的手段而不是语言教学的目的。由此在教学中过分关注认知、技能等目标，对于过程与方法、情感、态度等目标则重视不够。另外，部分教师分不清什么是教学翻译，什么是翻译教学，导致了在实际教学中忽略翻译理论和翻译技巧的讲授，使得翻译教学成了语法教学的附庸。由于教师对大学英语翻译教学的目标定位不清楚直接导致在大学英语教学中可有可无的地位。

2. 大学英语翻译教学以课本为中心，忽视学生的实际学习需求

以学生发展为本，是高校课程改革的精神内核。在教学论中，一直有"老三中心"与"新三中心"的论辩。"老三中心"是指以教师、系统书本知识和课堂教学为中心的传统教学体系。它以赫尔巴特的重视知识传授的教学理论为依据，主张在教学中以传授系统知识为主要目的，以课堂讲授为主要组织形式，要求绝对树立教师的权威作用，是传统教学论的重要主张和主要特征。"老三中心"强调系统知识的摄入，重视基础知识和基本技能的获得，对于形成学生完整的知识结构，大面积、高效率地传递教学内容，提高教学质量等有非常重要的作用。"新三中心"是指在教学过程的要素结构中，"以学生为中心"；在教学内容的选择上，"以经验为中心"；在教学过程的组织上，"以活动为中心"的现代教学体系。它是以杜威的进步主义教育理论与实用主义教育思想为基础发展起来的教学过程体系。"新三中心"强调学生的主体作用，强调学生自身内在的发展，强调直接经验，注重实践，重视活动的开展和教学

形式的多样化，鼓励学生在教学中通过自己的探索钻研，自己去发现事物的本质和规律。因此它非常重视学生创造能力、探究能力和其他智能的发展与培养，尊重学生的个性，注意学生亲身参与社会实践能力的培养。

目前的翻译教学以课本为中心，只关心教学任务的完成，但忽视了学生的实际需要，也是对当前社会需要的一种漠视。随着信息时代的到来，国际社会间的交往频繁而迅速，在这种社会环境中既懂专业又会翻译的复合型英语人才显得更加供不应求。

大学英语教学的对象是来自于各个专业的学生，他们通过四年系统的学习能够很好地掌握本专业的知识和技能，而英语的学习则为他们接触国际社会提供了可能。复合型英语人才不仅要能用该种语言进行听说，还要能进行读写，更要能进行翻译，这对于其行业的发展是必不可少的。这就对进行大学英语学习的学生提出了新的要求，他们不仅应具备英语听、说、读、写的能力，还应具有一定的翻译能力。同时这也为大学英语翻译教学的发展提出了新的目标。翻译不再仅仅是翻译专业的学生必备的一种能力，而是所有的英语学习者必须掌握的一种能力。只有全面地掌握了听、说、读、写、译五种能力才真正具备了运用该语言的综合能力，才能够促进学生的个人发展，使其成为既懂专业又会翻译的复合型人才。

（二）教学内容方面

1. 大学英语翻译教学内容选择单一

教材是教学内容的主要载体，是进行具体教学活动的主要依据。从目前的大学英语教材来看，针对非英语专业的学生缺乏专门的英汉互译教材，而相比之下，为提高听读能力已有专门编写的听力、精读、泛读和快速阅读教材。因此，对学生翻译能力的培养主要是贯穿在精读课的教学之中。然而，从精读教材（或综合教程）的编排上来看，为学生所提供的训练翻译技能的练习无论是从量上来讲还是从质上来讲都是不足的。以某高校英语教学与研究出版社出版的《新视野大学英语》读写教程和《新编大学英语》为例做简要说明。在《新视野大学英语》中，每个单元课文后的翻译练习中只有 5 个汉译英的句子，且这些句子主要是围绕课文中出现的词、短语和句型进行巩固性操练。而在《新编大学英语》，每个单元课文后的翻译练习由 5 个汉译英句子组成，练习形式的设计也只停留在单句上，没有段落、短文的翻译。显然，这两套教材存在一个共同缺陷，就是翻译练习在很大程度上只被作为巩固课文中所学语言知识的手段，是被用来检查学生对语言知识的理解程度的。而实际上，翻译更是学生应掌握的五种基本语言技能之一，在教学实践中，翻译能力的培养既需要理论、原则和方法的指导与传授，又需要大量的翻译实践来配合。

目前大学英语翻译教学在内容选择中形式比较单一，往往局限于教材课后练习中的汉译英。远远不能满足学生对翻译理论和技巧学习的需要，更不用说激发学生翻译学习的兴趣或者与学生专业相结合，以满足他们毕业后在工作中对翻译能力的需要。

2. 教学内容的选择缺乏系统性、条理性

教学内容是教学目标的具体化与现实化，而教学目标中必定体现出一定社会的价值要求，即某一种文化，某一个国家主流价值观点、主流意识形态的要求。教学内容的选择原则是内容的有效性和重要性与社会现实的一致性。当选择教学内容考虑社会现实、社会需求时就蕴涵了选择者的意识形态，而这种意识形态总体上体现了社会主流的意识形态。而实践者由于多样的原因，致使真正课堂中实施的教学内容对主流的价值观点产生了一定的偏离。

由于对大学英语翻译教学的目标定位不清楚，在教学内容选择上往往单薄、随意性强，且大多局限在技能训练层面，缺乏理论指导。有的教师认为大学英语翻译教学内容应该体现出系统性和专门性。而在具体的实践中通过观察发现：教师基本上不是围绕学生的学习需要来选择教学内容，教学内容主要选自教学参考资料。教学内容的选择缺乏系统性、条理性，缺乏理论与实践的结合。教师这样选择教学内容是基于两个原因：首先是大多数教师本身所学专业不是翻译，进行翻译教学力不从心；其次大学英语课时安排紧张，利用教学资料进行教学设计比较省时省力。

许多教师在进行教学时，往往从抓住学生的注意力、提高学生的学习兴趣入手，偏重教学方法和教学手段的改革，相对忽略教学内容的调整和改进。但是，教学内容与教学方法、教学手段之间是相互影响、相互促进的关系，如果教学内容进行了有效调整，教学方法和教学手段也会相应地改变；如果只改革教学方法而不革新教学内容，则不能有效拓宽学生的知识面，知识的更新就跟不上时代的发展，最后的学习效果也只能事倍功半。

其实大学英语翻译教学内容的选择没有固定的模式。我们可以围绕如何激发学生对翻译教学的兴趣，提高学生对翻译价值的认识，并结合学生所学专业选择课堂教学的内容和教材。比如翻译材料应尽量能引起学生的兴趣，使学生产生翻译冲动，让学生在翻译中体验翻译的乐趣，而尽量避免选择那些过时、冗长、晦涩难懂的材料。实践证明选择合适的教学内容与材料是实现教学目标的重要保证，因此能结合学生的专业学习，着眼于培养学生语言综合应用能力，有利于促进学生全面、和谐发展的内容，都可以纳入大学英语翻译教学内容体系。

（三）教学实施方面

教学实施是将教学计划付诸行动的过程，其目的是在缩短理想与现实间的差距。而良好的教学计划需要有效的教学实施来执行才能达到预期的效果，从而实现教学目标。教学实施是教学实践过程中的关键环节，它涵盖了课堂内外的所有教学行为。

教学实施是指把新的教学计划付诸实践的过程，教学实施研究所关注的焦点是教学计划在实际上所发生的情况，以及影响教学实施的种种因素。教学实施过程中存在着三个基本要素：教学内容、学生、教师。教学实施体现了教师对教学目标的理解，又体现了教师对教学内容的实际运作。

从形式方面看，大学英语翻译教学是以课堂教学为基本形式来展开学生学习活动的。随着大学英语教学改革的不断深入，现代大学英语的教学方式已经发生了巨大的变化，教师和学生都不再满足于单一的传统课堂教学模式。为了适应当今社会快速发展的要求，广大教师和学生都积极地投入丰富多彩的大学英语"第二课堂"活动。"第二课堂"强调以学生为中心，以传授语言知识与技能为基础，突出培养学生语言交际能力和自主学习能力，满足学生的个性化发展需要，提供比课内学习丰富得多的教学手段和内容，而且不受时间和地点的限制。① 学生以"第二课堂"活动为平台，对所学知识进行对应性的操练，以达到学会使用语言的最终目的。

大学英语翻译教学主要是通过课堂教学的途径实施的。以教师为中心的教学方式使得学生参与度不高，课堂缺乏互动。而个别教师通过多媒体网络教学途径开展翻译教学，学生反应却十分积极。由于教学内容变得更为丰富多样，网络交流的方式也更为现在的年轻人所接受和喜爱，因此极大地刺激了学生学习翻译的兴趣，翻译教学取得了不错的教学效果。

另外，每个学生都有其独特的个性，由于学生的智力、心理发展的不平衡性及其所生活的家族及社会环境的不同，认知水平及对新事物的接受能力上都存在着不同的差异，因而他们获知的效率具有不同步性。大学英语翻译教学的实施也应该体现出对学生个体差异的关注。

然而，现实中，教师在大学英语翻译教学中缺乏对学生的语言基础和兴趣爱好等个体差异的关注。一些语言基础较差的学生也感到在翻译学习方面很吃力。虽然教师也有课时紧张、教学任务繁重等方面的理由，但是长此以往，会使语言基础较差的学生更加自卑，不利于学生的个人发展。

---

① 樊洁，崔琼，单云.语言学与英语翻译教学研究［M］.长春：吉林人民出版社，2021：13.

(四) 教学评价方面

1. 大学英语翻译教学的评价方式单一, 注重终结性评价, 忽视形成性评价

终结性评价与形成性评价是美国教学评价专家斯克瑞文于 1967 年提出的两种评价类型。终结性评价是在教学实施完成之后施行的, 其主要目的在于搜集资料, 对教学计划的成效做出整体的判断, 作为推广采用教学计划或不同教学计划之间比较的依据。形成性评价是在教学实施尚处于发展过程中进行的, 其主要目的在于搜集教学实施过程中各个局部优缺点的资料, 作为进一步修订和完善教学计划的依据。

形成性评价和终结性评价是教学评价的两种方式, 也是教学目标能否得以顺利实现的重要保证。大学英语课程评价应该是形成性评价与终结性评价相结合, 既关注结果, 又关注过程。但是在实际的教学评价中, 往往片面地强调终结性评价而忽视了形成性评价。

但就当前情形而言, 大学英语翻译教学的评价方式单一, 只注重对学生翻译水平获得的测试, 缺乏对学生学习过程的评价和对学生情感体验方面的评价, 比如学生是否通过教师的教学提高了对翻译学习的兴趣等。不管是学生还是教师对翻译教学效果的单一评价方式都有很多不满。

2. 大学英语翻译教学中评价主体单一, 主要是教师对学生进行评价

教学评估应该是一个开放的系统, 需要来自各方面的评估, 这样才有利于汲取各方意见, 提高教学质量。要让参与教学的人都成为教学评价的主体。教师和学生处于教学第一线, 他们对教学的感受最深、最真切。他们都应该成为教学评价的主体。尤其要扩大学生对教学的评估权, 倾听他们的意见和建议, 使他们处于评估的主动积极状态, 这对教学一定会大有益处。

教学效果评价的应有之意是对教学的发展起到诊断作用, 从而促进教学的进步, 也可为其他评价者或成果应用者提出注意的问题和努力的方向, 这才是科学的评价态度, 也是对大学英语翻译教学进行效果评价的目的。教师的教、学生的学与效果评价之间是紧密联系、相互促进的。为了实现教学与效果评价的结合, 教师必须明确教学的目标, 在实施教学的同时使用多种多样的评价方式去考查学生学习的过程与结果, 使效果评价成为改进教师课堂教学, 促进教师专业成长的重要手段。

二、英语翻译教学影响因素

(一) 学生的英语学习基础

翻译教学需要学生有较好的英汉语言基础和较广的知识面，这样有利于进行翻译专业知识和翻译技巧的专门培训。但在大学英语教学实践中往往会发现学生的实际情况与此要求有较大差距。学生进校时的英语成绩参差不齐，英语学习基础各异。大学英语翻译教学难以有针对性地因材施教。

就教学现状而言，从平时学期考试和历届四、六级考试的成绩看，学生的实际翻译水平亟须提高。很多学生的翻译测试部分是交了白卷或胡写乱涂的，这直接拉低了他们的整体英语水平。越来越多的学生已经意识到了这个问题，并由此产生了极大的焦虑心理和畏难情绪。同时，学生的翻译练习实践中也暴露出了很多不足。很多学生在平时学习过程中，钟情于林林总总、五花八门的教辅书，对老师布置的课文或句子翻译练习，直接在教辅书上对一下答案了事，不进行仔细的推敲和揣摩。还有在做模拟试题时，也是跳过翻译部分，或草译一下便急于核对答案，结果当然可想而知。这样的学生惰性强，只寄望于老师讲解，不愿亲自下功夫实践，只是盲目焦虑，依赖心理重。另外有一部分同学认识到了自己翻译能力方面的不足之后，非常重视，对平时的翻译学习和操练也持认真的态度，可是他们却没有找到适合自己的学习方法，不善及时归纳总结知识要点，更不懂得将翻译学习与其他技能的提高相关联，其结果是感到翻译学习事倍功半，又产生了畏难情绪。这都不利于翻译知识的学习和翻译能力的提高。

(二) 教师对翻译教学的认识

教师作为高校英语翻译教学的直接参与者、组织者，重在发挥主导功能，其影响作用体现在多个方面。长期受传统教育理念的影响，高校英语教师将诸多时间和精力放在知识灌输上，而轻视应用实践，为提高英语翻译的准确性，常常组织学生在参考答案的基础上进行字句调整或修改，方法运用较为单一。[①] 略显呆板的英语翻译教学模式，从某种程度上映射了教师创新能力的匮乏，不仅影响了课堂实效，还打击了学生的参与兴趣。在此过程中，部分教师常常疏于与学生之间的互动交流，对学生之间的个性差异了解不到位，所采用的教学内容、方法等难与学生兴趣相匹配，不利于引导学生自主学习。此外，语言环境及支

---

① 关丽丽. 高校英语翻译教学的影响因素与对策探索 [J]. 产业与科技论坛, 2017 (10).

撑条件缺失，也限制了学生的交际表达，加重了母语负迁移现象影响。

（三）教师的教学方法

英语教学方法历来是英语教学界讨论得最多，分歧最大的内容之一。用什么样的方法进行翻译教学这是一个见仁见智的问题。所谓"学无定法"，教亦无定法。翻译的实践性决定了翻译教学的方法必须以培养学生的实践能力为目标；翻译的艺术性又要求翻译教学必须尊重学生的创造性和主观能动性的发挥。

然而，大学英语翻译教学中，教师大多采用传统的师徒相传式的教学方法，让学生完成课后翻译练习，然后逐字逐句地核对参考答案，最多简单介绍一下"信、达、雅"和"神似""化境"等中国传统译论，基本上可以说是一种工匠式的传授方法，不讲理论依据和科学方法，使学生"只见树木，不见森林"，只知"鱼"而不知"渔"，无法在今后的翻译实践中掌握科学的方法和更大的主动权。这种以教师为中心的教学方法，将改错作为教学手段，将教师提供的参考译文作为翻译教学的终极目的，不符合真实情况下的翻译的本质特征，极大地扼杀了学生学习翻译的创造性和主动性。大学英语翻译教学方法的僵化与落后是严重阻碍翻译教学质量提高的现实问题。改革教学方法，是翻译教学摆脱困境、提高质量的重要任务。

（四）教材方面的因素

教材的选用在很大程度上反映了教学的指导思想。纵观我国几十年非英语专业教材和英语教学的发展状况，翻译一直未受到足够重视。在教材方面，非英语专业的学生始终缺乏专门的英汉互译教材，对"译"的技巧的处理和练习完全局限于课后的翻译练习。翻译练习在很大程度上只被作为巩固课文中所学语言知识的手段，是被用来检查学生对语言知识的理解程度的。翻译练习的内容与他们所学的专业脱节，对他们今后的工作需要没有实际意义。同时在汉英翻译练习的设计中尚存在汉语句式覆盖面过窄的问题，在一定程度上也弱化了这种练习形式的作用。教材是教学内容的重要载体，是教学实施的物质基础。教材的选用能否满足学生对翻译学习的需要，很大程度上影响着大学英语翻译教学的质量。

（五）环境方面的因素

1. 社会环境

随着我国进一步对外开放，在政治、经济、文化等领域的国际交流不断拓展与深化，社会对不同层次的翻译人才的需求量越来越大。分析社会环境在于了解社会对复合型人才的需求状况，翻译市场对人才素质的要求。对社会环境和社会需求进行分析对大学英语翻译教学目标的确定与内容的选择等产生重要影响。

2. 学校环境

分析学校环境在于明确学校现有的教学条件与学校的政策支持。影响大学英语翻译教学质量的教学条件包括师资情况、学时安排、教学班的规模、教室的设备、辅助学习条件等。

目前我国大学英语教学班的规模普遍在 50～60 人，班级大、学生多，课堂活动不易组织操作。课时安排每周四个学时，由于课时有限，教师在进行听说读写教学之余很少有时间再进行专门的翻译教学。进行大学英语教学的教室都为多媒体教室。但是在调查中发现很多教师只把多媒体用于书写电子黑板或者展示教案。多媒体是现代教学的特征，多媒体不应该只是用于书写电子黑板，更重要的是搭建多媒体和互联网的教学平台，拓展教学的延伸和层面，将更多新功能添加到翻译教学中，使教学信息更丰富、内容更多样，激发求知欲和学习的乐趣，根据学生的个性因材施教，倡导鼓励学生学习的主动性和积极性，使教与学在多媒体网络平台中得以理论和实践的升华，使课堂教学得以延伸。

学校的政策支持对大学英语翻译教学的影响也是显而易见的。在调查中教师们反映有关领导对大学英语翻译教学的重要性认识不够，科研经费不足，有关大学英语翻译教学的专门性学术会议几乎没有，没有相应的进修学习的地方和机会，这些都成为提高大学翻译教学质量的障碍。

第三节　英语翻译教学中学生翻译意识的培养

随着全球经济一体化的发展，中国在世界舞台上的地位越来越显著，这就对于培养英语专业人才提出了更高的要求，给高校培养、发展翻译人才也提出了难题。在未来的发展过程中，我们需要的是能够在英语交流中更能适应环境需要，符合文化发展规律的翻译人才，而不仅仅是简单地翻译机器，翻译工作者自身的文化底蕴、随机应变能力更显真章。

一、学生翻译意识的包含因素

（一）学生的遗传因素

一些学者认为影响学习过程的学习者因素有四项，即年龄、认知特点、情感特点、个性特点。还有一些学者认为有三项，即自我意识、动机态度学习策略。动机态度与情感特点大致相仿，而其他几项根本不一样。生物遗传因素国外讨论的很多，我国研究的很少，一般认为英语学习的特质是后天开发的，没有先天的问题。

一些学者认为，英语学生的特质有生物遗传因素，国外的资质倾向测试便是生物遗传测试的一个例子，该项考试主要是测试被考人具备不具备从事某项任务、某项工作的能力，俗称具备不具备从事什么任务或工作的天赋。我们常说，某人具有学习的天赋，而不是学某学科的"料"，实际上是说某人具有某种程度的学某学科的生物遗传因素或不具备某种程度的学某学科的生物遗传因素。这是一般学习能力倾向测试。

（二）学生英语具有程度

所谓学生英语具有程度，主要是指学生对英语的掌握程度与知识的储备量。学生英语具有程度是很重要的，学生学习语言的经历也很重要，这不但包括学习英语的经历，也包括学习汉语的经历。学生已具备了相当的汉语学得和习得的经历，对英语学习有一定的借鉴作用。一般学习前的各种不同英语考试便是测验学生水平的措施，为的是教授英语更有的放矢或作为分班的依据。

（三）学生的心理素质

学生的心理素质指学生在英语学习中的心理因素，它影响着学生学习英语的积极性以及学习的效果如何。影响英语学习的因素主要有两点即态度和动力。这是中外专家学者没有质疑的两个心理因素，是共识。

态度主要成分包括七点，即认知、感情、意识、信念、情绪、行为、个人价值观。态度的选择是对语言的选择和对语言的取舍的选择，在英语学习中起决定性作用。动因是欲望和达到某一目的而努力的联合体，与个人对其采取行动努力的程度有关，这是我们所说的"动因"，而不是"动机"的理由。①

动因主要分为两种，即内在动因和外在动因。内在动因是学生本身具有的

---

① 刘锦芳．当代英语翻译与实践创新研究［M］．北京：北京工业大学出版社，2019：208.

欲望和行为，把达到某种目标作为动力从事英语学习。外在动因是外界对学生产生的动因，如外界对学生英语学习物质的或精神上的奖励。前者的英语学习能够持久，是最重要的。后者的英语学习是刺激性、阶段性的，不一定能持久。动因的分类和层次受社会环境的影响很大。动因或态度的效果好像应与资质倾向分开，最成功的学习者是既有天赋又有高水准的学习动因的学习者。学习态度和学习动因是语言学习的重要心理因素。

（四）学生的客观因素

学生的客观因素指英语学生在英语学习中无法改变的客观存在的因素，这里讲三个因素，这三个因素是英语学生无法改变又客观存在的因素。

1. 年龄

年龄的大小是影响英语学习的因素，但几岁是我国学生英语学习最适宜的年龄还是个问题。一般是先学汉语，后学英语，由于英语后学，效果不好，现在有早学英语的趋势，但早到什么时候开始学英语？这是社会要求的，而不是教育和心理方面应考虑的问题。从学习英语的角度来看，在课堂上年龄并不是学习过程要十分关注的问题，因为他们年龄大都相差无几，英语水平也都相差不是很多。英语教授方法对不同年龄的学生却有一定影响。

2. 性别

性别问题是一个英语学生学习的因素，已经观察和研究出许多性别的差异，如学习语音时，女生比男生的清晰度要好，女生对某些语言敏感而男生不敏感。在我国义务教育阶段，性别对于英语学习的影响还不是要考虑的主要问题，高中和大学亦如此。

3. 出身

还有一个客观因素就是家庭出身的问题，个别人认为家庭出身是英语学习的重要因素，其实这是一种误解。家庭出身与学生英语学习的好坏没有必然的联系，倒是与地域和家庭成员学没学过英语有一定的关系。

总的来说，以上的三个客观因素对英语学生特质的影响不大，不是主要影响英语学习的因素。

4. 学生的个性因素

学生的个性因素指学生个人和集体共有的个性因素。从个人的个性因素来看，每个人都有自己的个性，但对英语学习来讲，个人的个性对英语学习有的有促进作用，有的则有消极作用，所以研究集体的个性意义比个体更重要，尤其在英语课堂教学中，这些个性特征包括七点，即内向、外向、韧性、热情、忍耐、移情、焦虑。内向与外向是指一种不愿参加社交活动、迷恋于自己思维和感情的学生和一种愿意同人交往、对事物感兴趣的热情开朗的学生的称谓。移情是另一种对待目标的态度，也是一种与种族中心主义相对的概念，掌握要适度。

研究英语学生的特质不仅应该研究那些主要的特质和其相互联系，也要研究那些可以研究的因素或特质。

二、培养学生翻译意识培养的策略

（一）教师加强对英语文化特点与文化风格的讲解

作为一门外语，英语自有其不同的思维方式特点、文化价值观念与传统的用法习惯。在对学生进行跨文化意识的培养过程中，应当讲授这些常用的文化特点，借助多种渠道加强学生对于英语的理解与运用，开阔学生的英语视野。文化是交际的重要表现与承载方式，能够体现礼貌、身份与地位。在见面打招呼时的问候语上，中西方存在很大程度的不同。为此，在教学过程中要对其有充分体现。

（二）提高学生对于英语翻译文化移情的能力

文化移情指的是在与有不同文化背景的人的交际过程中对自身文化的框架模式进行有意识的突破，通过文化立场的有效转换，加强对他种文化的理解与领悟。在翻译过程中，文化移情发挥着重要的作用。通过这种方式能够充分了解主体与客体之间的连接，从而从另一种文化基础之上提升英语翻译的技巧与艺术能力。文化移情意识的培养对于学生跨文化交际意识的培养具有重要的促进作用，因此教师应当加强对于不同文化之间差异的关注与教授，避免在翻译过程中因为文化差异而出现的翻译错误。

（三）转变教学过程

高校英语翻译教学想要实现突破，就应将传统的英语翻译知识学习过程进行转化，让学生在首先了解自身英语学习状况的前提下，更多地接触到英语文明先关内容，让学生正视文化的差异性，对于不同文化背景与不同语境下的表达表现出宽容性，在对不同文化的了解中学会彼此适应甚至是互相欣赏，同时，在翻译过程中具备敏感性，让学生具备客观进行翻译的能力。同时，我们也应当将教师"满堂灌"的传统教学过程转变为"英语实践练习"过程，让学生在真正交流中感受真实的差异。

第四节　基于应用语言学的高校英语翻译教学探讨

一、应用语言学对高校翻译教学的启示

(一) 培养学生的翻译能力是翻译教学的目标

翻译活动的主体是译者，翻译教学的中心是培养学生的翻译能力，这在翻译领域已经得到了广泛的共识。翻译能力不仅涉及译者内部心理认知因素的整合与改变，而且受社会规范、翻译情境等外部因素的影响。应用语言学对体验的强调及其勾画两个世界的能力，为我们提供了新视角。具体可以理解为三个方面的内容：首先，译者的认知能力，即译者要依靠自己对世界的体验来理解原文及其所反映的世界；其次，译者在译文中重构原文世界的能力；最后，在翻译过程中，译者需要把握翻译效果，具备确定翻译目的、选择正确的翻译策略和翻译方法的能力。翻译能力就是译者的职业能力，是翻译教学的目标。

(二) 学生是翻译过程中的体验和认知主体

应用语言学是以体验与现实世界的关系作为哲学基础，而译者是翻译过程中最重要、最活跃的体验和认知主体，认知语言学的翻译观把译者推到了翻译活动的核心与主导地位。因此，在翻译课堂中教授不同语言之间的互换技巧远非教学的全部，亦不是教学的中心。翻译教学应包括引导学生去面对原文以及原文所反映的世界；确定自己对原文的态度；分析整个翻译的情境并确认自己在翻译活动中的立场；承担自己在翻译过程中所应负的责任并明确翻译活动所应达到的目的和效果等。

(三) 在翻译教学中应选择适合于学生使用的翻译材料

应用语言学认为，翻译具有体验性。翻译的这种特性，要求译者必须通过接触丰富的翻译材料以掌握翻译过程中所需要的知识，从教材的编写上来说，最基本的一点就是必须从方法论上鲜明地体现以培养翻译能力为目标的教学思想。教师在选择翻译材料时，应该以翻译市场的需求为依据，应选择适合于学

生使用的翻译材料。① 翻译材料可以由理论和实践两个部分组成。在理论部分，教师应将翻译过程中需要掌握的重要和前沿的翻译理论和翻译策略介绍给学生，将相关学术论文加以汇编供学生学习或参考；在实践部分，教师不仅要选择体裁广泛的翻译文本作为训练材料，还应将与实际的翻译工作有关的内容也纳入其中。在教学过程中，教师应将理论与实践结合起来。对学生来说，这样可以为他们提供间接的经验。另外还可以让学生自主选择翻译材料并翻译。这一做法可以最大限度调动学生的积极性，并体验从选材到完成译稿的整个过程。

二、应用语言学视阈下高校英语翻译教学改革策略

（一）教学前阶段

高校英语教师在翻译课程教学前，要充分结合应用语言理论内涵，强化课堂教学准备，灵活采用教学手段加强学生对英语翻译的经验印象。在英语翻译教学前，教师应该根据学生情况布置课前任务，学生通过查阅书籍或网络资料对课程内容更加了解，并记下学生理解的不透彻的问题，在上课的时候认真听讲获得答案。课前让学生对知识点进行理解，有助于提升学生自我学习和分析能力，过程中突出应用语言学的教育功能，让学生对重点知识进行"理解"，在脑子里进行经验检索，进而完成对应用语言习得思维的过程体验。

（二）教学过程中

高校英语教师必须要抓住教学过程中的优势性，整合有效的教学思路，为学生提供更加优质的教学服务。在英语翻译教学课堂上，教师通过板书或 PPT 将英语翻译教学思路清楚地展现出来，让学生能够更好地理解汉英翻译的相同思路。将应用语言学深化融合在英语翻译教学中，利用更贴切学生经验的内容，对学生知识的常规印象进行调取，进而将学生新学翻译知识与经验知识相关联，有助于帮助学生建立有效的英语翻译思维逻辑，进而提高学生的记忆效果，提高英语翻译课堂教学效果。②

---

① 王丽思. 认知语言学翻译观及其对高校翻译教学的启示［J］. 疯狂英语（理论版），2015（1）.

② 程言. 认知语言学理论在高职英语听说教学中的应用研究［J］. 黑龙江教育学院学报，2018（02）.

(三) 课堂练习过程中

英语翻译课堂练习非常重要，教师可以趁热打铁为学生进行有效练习，让学生能够将所学的知识转移到"可应用"层面上。在实际课堂英语翻译练习中，教师需要以较为简单的翻译内容做引导，让学生逐步掌握翻译的知识点，进而根据学生认知程度，安排相应比较复杂的练习内容。英语翻译的练习要遵循应用语言学理论，强调从简单到概念的认知过程，站在学生的角度，循序渐进的提升学生对英语翻译的理解和应用，在实际练习中掌握英语翻译知识点的记忆方法。

(四) 课外教学阶段

英语翻译教师应该将教学拓展至课外，充分利用课外作业或任务提升学生英语翻译能力，首先应该重视学生词汇记忆的有效性。词汇是构成英语语句最根本的元素，教师可以引导学生通过课外英语阅读增强词汇积累，加深学生对常用词汇的理解能力，不断拓展学生对英语词汇的经验印象，面对一些生词，学生通过阅读翻译重复记忆，进而强化对于词汇记忆的关联能度。除此之外，提高学生英语翻译水平需要从语言文化背景着手，学生通过深入了解英语语言环境背景，能够对英语的语言运用更加理解，有助于提升学生的英语综合能力。因此，高校英语翻译教师需要结合应用语言学的哲学理论，在学生进行英语翻译学习时，英语教师要引导学生提升对跨文化语言背景的理解，激发学生对英语文化的学习兴趣，深化理解语言环境下的文化背景，帮助学生构建清晰的英语语言结构。

参考文献

［1］曹凯，秦红娟，周红英．英语教学艺术与思维创新研究［M］．长春：吉林美术出版社，2018.

［2］曾屹君．英语写作教学理论与实践新探索［M］．长春：吉林出版集团股份有限公司，2022.

［3］常焕辉．现代英语写作理论及教学改革研究［M］．北京：团结出版社，2018.

［4］陈柏松．英语教学图表集［M］．武汉：湖北教育出版社，1992.

［5］程言．认知语言学理论在高职英语听说教学中的应用研究［J］．黑龙江教育学院学报，2018（02）．

［6］崇斌，田忠山．新时期大学英语教学研究［M］．成都：电子科技大学出版社，2017.

［7］崔志钰．追寻积极的教与学：积极课堂教学范式建构的实证研究［M］．苏州：苏州大学出版社，2020.

［8］邓林，李娜，于艳英．现代英语语言学的多维视角研究［M］．北京：地质出版社，2017.

［9］丁睿．大学英语教学发展研究［M］．长春：吉林人民出版社，2019.

［10］樊洁，崔琼，单云．语言学与英语翻译教学研究［M］．长春：吉林人民出版社，2021.

［11］冯华，李翠，罗果．英语语言学与教学方法研究［M］．长春：吉林人民出版社，2019.

［12］傅瑞屏．英语课程与教学论［M］．广州：广东高等教育出版社，2014.

［13］宫玉娟．大学英语教学模式改革创新研究［M］．长春：吉林出版集团股份有限公司，2018.

［14］关丽丽．高校英语翻译教学的影响因素与对策探索［J］．产业与科技论坛，2017（10）．

［15］郭慧莹．应用语言学理论视阈下高校英语教学实践研究［M］．北京：冶

金工业出版社，2019.

[16] 何超群．基于英语语音对比的听力教学研究［M］.北京：煤炭工业出版社，2017.

[17] 胡丹．英语语言学及应用语言学研究［M］.长春：吉林人民出版社，2021.

[18] 胡益军，樊宇鑫．词汇导图记忆法的应用［J］.英语广场，2018（5）.

[19] 黄耀华．基于语料库的大学英语写作教学研究［M］.西安：西安交通大学出版社，2017.

[20] 纪旻琦，赵培允，马媛．英语语言学理论与发展探究［M］.长春：吉林大学出版社，2020.

[21] 贾增荣．大学生听力培养与教学方法研究［M］.北京：中国商务出版社，2016.

[22] 姜涛．大学英语写作教学理论与实践［M］.长春：吉林出版集团有限责任公司，2009.

[23] 李红梅，张鸢，马秋凤．高校英语词汇教学与习得研究［M］.武汉：武汉大学出版社，2016.

[24] 李红霞．大学英语教学研究［M］.天津：天津科学技术出版社，2017.

[25] 李明．论高校英语阅读教学的焦点和策略［J］.邢台学院学报，2012，27（2）.

[26] 李荣华，郭锋，高亚妮，等．当代英语教学理论发展与实践研究［M］.上海：上海交通大学出版社，2018.

[27] 李晓红．现代外语教学理论与实践［M］.长春：吉林文史出版社，2017.

[28] 李晓玲．大学英语教学方法研究［M］.西安：陕西科学技术出版社，2020.

[29] 刘爱华．英语听力教学及测试研究［M］.北京：中国商务出版社，2018.

[30] 刘爱玲，魏冰，吴继．英语语言学与英语翻译理论研究［M］.长春：吉林出版集团股份有限公司，2020.

[31] 刘德胜．超级记忆力［M］.北京：航空工业出版社，2019.

[32] 刘锦芳．当代英语翻译与实践创新研究［M］.北京：北京工业大学出版社，2019：208.

[33] 刘娟．英语写作教学有效性分析［M］.成都：电子科学技术大学出版社，2020.

[34] 刘玲.基于目标教学的英语口语实践活动设计 [J].英语教师,2015,15 (15).

[35] 刘淼.当代语文教育学 [M].北京:高等教育出版社,2005.

[36] 刘森林,曾祖红.新编大学英语四级考试要略 [M].重庆:西南师范大学出版社,1997.

[37] 刘翊,许清然,嵩贺.英语口语教学理论与实践 [M].延吉:延边大学出版社,2019.

[38] 罗红梅.江西赣方言对英语语言习得的影响研究 [M].长春:吉林人民出版社,2020.

[39] 罗伦全,蒋明荣.彝英双语教学方法与技巧 [M].成都:西南交通大学出版社,2016.

[40] 苗靖洁,赵德会.信息差视阈下大学英语口语教学设计 [J].教育现代化,2019 (80).

[41] 牛洁珍.基于现代信息技术的大学生英语写作能力培养研究 [M].苏州:苏州大学出版社,2016.

[42] 钱满秋.现阶段大学英语教学改革研究 [M].北京:北京理工大学出版社,2017.

[43] 柔萨尔.语言学在高校英语阅读教学中的应用分析 [J].教育现代化,2020 (7).

[44] 宋玉萍,林丹卉,陈宏.图式理论指导下的大学英语教学研究 [M].北京:知识产权出版社,2019.

[45] 谭春.外语课堂教学"中心"之辩:反思与建议 [J].外语教学理论与实践,2009 (1).

[46] 谭钦菁.大学英语理论与教学研究 [M].北京:北京工业大学出版社,2018.

[47] 唐洁,麦陈耀.管理学原理 [M].成都:西南交通大学出版社,2015.

[48] 佟敏强.大学英语阅读教学理论与实践 [M].长春:吉林出版集团有限责任公司,2009.

[49] 童之侠.当代应用语言学 [M].北京:中国传媒大学出版社,2016.

[50] 汪艳萍.英语阅读教学与写作研究 [M].北京:世界图书出版公司,2017.

[51] 王班.基于应用语言学的新媒体环境下大学英语口语课堂研究 [J].速读,2021 (5).

[52] 王丹丹,员珍珍.中外文化视角下英语教学探索 [M].长春:吉林出版

集团股份有限公司，2019.

[53] 王惠莲．对外汉语教学方法与教学模式的创新实践［M］．长春：东北师范大学出版社，2020.

[54] 王进．大学英语阅读与教学研究［M］．北京：北京工业大学出版社，2020.

[55] 王丽思．认知语言学翻译观及其对高校翻译教学的启示［J］．疯狂英语（理论版），2015（1）.

[56] 王平．影响英语阅读的因素及对策研究［J］．科技创新导报，2010（7）.

[57] 王伟，左年念，王国念．应用语言学导论［M］．北京：中国地质大学出版社有限责任公司，2012.

[58] 文秋芳．评析二语习得认知派与社会派 20 年的论战［J］．中国外语，2008（3）.

[59] 文勇．听文勇老师讲语文［M］．武汉：武汉大学出版社，2011.

[60] 吴景惠．精雕达理：我的教书育人手记［M］．上海：文汇出版社，2020.

[61] 伍培，刘义军，伍姗姗．安全心理与行为培养［M］．武汉：华中科技大学出版社，2016.

[62] 武琳．大学英语教学模式与课程建设研究［M］．长春：吉林大学出版社，2016.

[63] 徐道平，王凤娇，赵卫红．互联网时代下高校英语教学研究［M］．长春：吉林人民出版社，2019.

[64] 许迅．语言实践教程（第 3 版）［M］．南京：南京师范大学出版社，2020.

[65] 杨海娟．高校英语课堂教学改革与大学生交际能力培养［M］．长春：吉林出版集团股份有限公司，2019.

[66] 杨静．现代语言学流派与英语教学探究［M］．北京：中国商业出版社，2019.

[67] 于满，孙硕．新时代高校辅导员学术科研之路［M］．北京：北京理工大学出版社有限责任公司，2021.

[68] 岳鹏．影响大学英语写作教学的因素分析及对策［J］．兰州石化职业技术学院学报，2014（1）.

[69] 云贵彬．语言学名家讲座［M］．北京：中国传媒大学出版社，2006.

[70] 张丽霞．现代语言学及其分支应用语言学的理论与实践研究［M］．北京：中国大地出版社，2019.

[71] 张林.浅析大学英语阅读教学的原则与方法 [J].科教文汇（中旬刊），2009（12）.

[72] 张敏.大学英语教育教学理论与实践探究 [M].北京：中国商业出版社，2018.

[73] 张拓，崔梦苏.基于任务型教学法的大学英语口语课堂教学设计 [J].科教导刊（电子版），2017（32）.

[74] 赵梅林.应用语言学视角下大学英语写作教学研究 [J].教育信息化论坛，2022（17）.

[75] 赵萍.应用语言学视角下大学英语教学研究 [M].长春：吉林人民出版社，2020.

[76] 赵一蕊.浅议商务英语翻译标准 [J].科技展望，2015（29）.

[77] 支永碧，王永祥.外语教学行动研究与教师专业发展 [M].苏州：苏州大学出版社，2011.

[78] 周帆.高校英语教育教学理论与实践研究 [M].长春：吉林大学出版社，2017.

[79] 朱军平.基于应用语言学的大学英语教学模式改革研究 [J].海外英语，2021（20）.